**Reiseführer**

W0034665

Südtirol

von Elisabeth Schnurrer

 ADAC Top Tipp

Das müssen Sie gesehen haben!
Die zehn Top Tipps bringen Sie
zu den absoluten Highlights.

 ADAC Empfehlung

Unterwegs gut beraten: Diese
25 ausgesuchten Empfehlungen
machen Ihren Urlaub perfekt.

Preise für ein DZ mit Frühstück:
€ | bis 100 €
€€ | bis 180 €
€€€ | ab 180 €

Preise für ein Hauptgericht:
€ | bis 15 €
€€ | bis 35 €
€€€ | ab 35 €

▪ Intro

▪ ADAC Quickfinder

*Hier finden Sie die Orte, Sehenswürdig-
keiten und Attraktionen, die perfekt zu
Ihnen passen.*

▪ Unterwegs

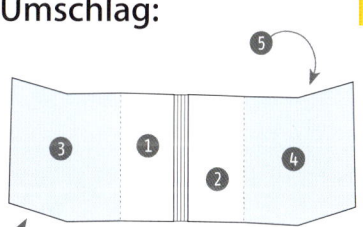
 Zu diesen Orten und Sehenswürdigkeiten finden Sie Detailkarten im Innenteil des Reiseführers.

■ **Service**

Südtirol von A–Z 122

Alle wichtigen reisepraktischen Informationen – von der Anreise über Notrufnummern bis zu den Zollbestimmungen.

Umschlag:

ADAC Top Tipps: Vordere Umschlagklappe, innen ❶

ADAC Empfehlungen: Hintere Umschlagklappe, innen ❷

Übersichtskarte Südtirol (West): Vordere Umschlagklappe, innen ❸
Übersichtskarte Südtirol (Ost): Hintere Umschlagklappe, innen ❹
Stadtplan Bozen: Hintere Umschlagklappe, außen ❺
Ein Tag in Bozen: Vordere Umschlagklappe, außen ❻

Sonnenverwöhnte Urlaubsregion für Genießer

Südtirol vereint den erhabenen Ernst der Berge mit der lebendigen Leichtigkeit des Südens

Grandiose Aussichten garantiert: Wandern im Naturpark Puez-Geisler

Südtirol ist ein »Renner«, jedes Jahr besuchen rund sechs Millionen Gäste die vielfältige italienische Region auf der Alpensüdseite. Besonders unter Gästen aus Deutschland, Österreich und der Schweiz ist Südtirol als überwiegend deutschsprachiges Urlaubsziel sehr beliebt. Gleichzeitig merkt man an vielen Dingen des täglichen Lebens, vor allem aber am milden Klima und der verlässlich scheinenden Sonne bereits deutlich südlichen Einfluss.

Hinaus in die Natur

In den Bergen finden Aktivurlauber sommers wie winters reichlich Gelegenheit, die Natur in vollen Zügen zu genießen. Nicht weniger als sieben Naturparks und ein Nationalpark sind in den Südtiroler Alpen und Dolomiten ausgewiesen, einige gehören sogar zum Unesco-Weltnaturerbe Dolomiten. Wanderer und Mountainbiker schätzen Höhenwege und Pfade, etwa entlang alter Bewässerungskanäle auf sogenannten Waalwegen um Meran oder auf den Hochebenen, gerade auch in stilleren Seitentälern wie dem Ridnaun-, Antholzer oder Langtauferer Tal.

arten sind möglich, vom Gleitschirmfliegen auf der Seiser Alm bis zum Kajakfahren am Reschensee.

Charaktervolle Städte und traditionsbewusste Dörfer

Ähnlich vielfältig präsentieren sich die Ortschaften. Urban geht es in den beiden großen Städten Südtirols zu, geschäftig in der Landeshauptstadt Bozen, beschaulich und immer noch ein wenig mondän im Kurort Meran. Einen ähnlichen Hintergrund als beliebte k.u.k.-Sommerfrische hat das deutlich ruhigere Gossensass. Alte Kaufmannszentren wie Sterzing,

Lebendiges Treiben in den Bozner Lauben (oben) – Malerische Idylle am Reschenstausee (unten)

Wintersportler jeder Art haben die Qual der Wahl zwischen den Pisten, Loipen und Routen an Kronplatz und Meran 2000, am Ritten, auf dem Salten sowie vor allem in der Sella- und Ortlerregion.
Straßenrad- und Motorradfahrern scheinen die kurvenreichen Passstraßen etwa über den Jaufenpass oder zum Stilferjoch geradezu paradiesisch. Aber auch individuellere Sport-

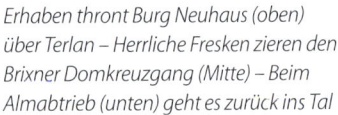

Erhaben thront Burg Neuhaus (oben) über Terlan – Herrliche Fresken zieren den Brixner Domkreuzgang (Mitte) – Beim Almabtrieb (unten) geht es zurück ins Tal

etwa das Apfeldorf Natz, in dem alljährlich die Apfelkönigin gekrönt wird, das Marmordorf Laas im Vinschgau oder das für seine Pferdezucht bekannte Hafling. Ganz zu schweigen von den zahlreichen Weindörfern, von Klausen bis Kastelbell und Kaltern am See.

Land der Burgen und Schlösser

Gleichzeitig bilden die Berge eine ideale Kulisse für rund 800 Burgen, Schlösser und historische Ansitze, wie kleinere Adelssitze genannt werden, die in Südtirol so malerisch viele Anhöhen zieren. Einige sind schon dem Namen nach sehr bekannt: Burg Taufers, Rodenegg oder Hocheppan, das »Messner-Schloss« Juval oder Schloss Tirol, nach dem das Land benannt wurde. Aber auch kleinere lohnen den

Bruneck, Auer oder Schlanders sind noch heute größer als die Dörfer ringsum. Diese punkten mit jeweils ganz eigenen Besonderheiten wie

Besuch: das als Tagungszentrum genutzte Schloss Maretsch über Bozen etwa, das barocke Schloss Wolfsthurn, die Trostburg des Oswald von Wolkenstein oder Schloss Schenna der Grafen von Meran. Beliebte Ausflugsziele sind sie alle, zumal wenn sie mit so besonderen Attraktionen aufwarten können wie Schloss Trauttmansdorff in Meran mit seinen berühmten Terrassengärten oder Schloss Runkelstein über Bozen mit seinen romanischen Fresken.

Kunst und Kultur, wohin man schaut

Was romanische Wandmalereien angeht, ist Südtirol ein schier unerschöpfliches Schatzkästchen. Kirchen und Klöster sind reich geschmückt, angefangen vom fürstbischöflichen Domkreuzgang in Brixen, der sich in Fantasie und Blütenreichtum höchstens mit den Renaissance-Arkaden der Churburg messen lassen muss, bis hin zu dem äußerlich so unscheinbaren St. Jakob in Kastelaz am Wein-

> *Bei heiterem Sonnenschein kam ich nach Bozen […]. Alles hat hier schon mehr Kraft und Leben […] und man glaubt wieder an einen Gott.*
>
> Johann Wolfgang von Goethe, September 1786, zu Beginn seiner »Italienischen Reise«

hang über Tramin mit seinem aberwitzigen Bestiarium an der Chorwand. Meisterliche Altäre von Jörg Lederer und Hans Schnatterpeck sind in Latsch und Niederlana zu bewundern, hoch über Tälern und Orten

Das Neue Kurhaus an Merans Passerpromenade wurde im Jugendstil errichtet

prangen beeindruckende Klöster wie Säben oder Marienberg.

Dazu kommen mehrere spannende Museen, in denen man zum Beispiel in Bozen Ötzi, dem über 5000 Jahre alten Mann aus dem Eis, ganz nahe oder in Naturns dem Geheimnis des schaukelnden Heiligen auf die Spur kommen kann. Beide gehören zum Südtiroler Erbe wie die ladinische Sprache, der Bozener Weihnachtsmarkt oder die Transhumanz, der jährliche Schaftrieb vom Schnals- ins Ötztal und zurück.

Wein- und Genussland

Aktuell zeichnen 20 Sterne und 111 Hauben die Südtiroler Küchenmeister aus, nicht schlecht für ein Land mit gerade mal 500 000 Einwohnern. Klassiker der lokalen Küche sind Speck-, Press- und Schwarzplentene (Buchweizen-) Knödel, oft auch in der Spinat- oder Marillenvariante. Ebenfalls bekannt sind Schlutzkrapfen, Gerstsuppe und Apfelstrudel sowie als Brotzeit eine zünftige »Marende«. Mediterrane und internationale kulinarische Inspirationen ergänzen die Speisekarten.

Am besten passt dazu auf jeden Fall ein Glas guter Südtiroler Wein. Im »Weindreieck« zwischen Eisacktal im Norden, Weinstraße an der Salurner Klause im Süden und dem Vinschgauer Sonnenhang gedeihen die Weine aufgrund der passenden Böden und des milden Klimas besonders gut. Eine Verkostung – etwa in Kloster Neustift, in Tramin an der Weinstraße oder beim herbstlichen Törggelen in einer Buschenschänke

Umgeben von Bergpanoramen laden viele Buschenschänken zum Verweilen ein

am Wanderweg – ist also ein Muss im Südtirol-Urlaub.

Touristische Infrastruktur

Südtirol ist gut erschlossen, seine Täler ebenso wie seine Bergeshöhen. Durch die einen führen gut ausgebaute Straßen, auf die anderen zahlreiche Seilbahnen und Lifte. Ein verlässliches Netz an Bus- und Bahnlinien macht es Besuchern zudem leicht, im Urlaub das Auto einmal stehen zu lassen. Außerdem sind die Südtiroler ein gastliches Volk. Ihre Gäste sind eigentlich überall gut untergebracht, ob sie sich nun für ein Hotel im Skigebiet oder eine Ferienwohnung im Naturpark entscheiden, für ein luxuriöses Wellness-Resort oder eine gut geführte Pension mit Familienanschluss. Herzlich willkommen sind sie hier wie dort.

Landeshauptstadt Bozen

Sprachen Amtssprachen sind Italienisch und Deutsch, teils auch die anerkannten Minderheitensprachen Ladinisch, Fersentalerisch und Zimbrisch.

Währung Euro

Verwaltung Autonome Provinz Bozen-Südtirol/Bolzano-Alto Adige in der autonomen Region Trentino-Alto Adige

Fläche 7400 km², das ist etwa so groß wie der Schwarzwald. Nur 6 % sind besiedelbar, davon ist knapp die Hälfte bereits verbraucht.

Einwohner 520 000, etwa so viele wie Dresden

Tourismus Jährlich rund 6 Mio. Urlaubsgäste und 29 Mio. Übernachtungen

Religion Überwiegend römisch-katholisch

Sonnentage 300 pro Jahr, das sind so viele wie auf Kreta

Südtiroler Superlative Wärmster Badesee der Alpen (Kalterer See) und größte Hochalm Europas (Seiser Alm)

Exportschlager Jeder 10. europäische Apfel wächst in Südtirol, das pro Jahr rund 950 000 t Äpfel produziert

Radwege ca. 600 km, also mehr als 1730 Runden um ein Fußballfeld

Das will ich erleben

Südtirol ist eine kleine Region mit großen Attraktionen. Das fängt im wörtlichen Sinn bei den Bergen an, unter denen so mancher Dreitausender dem Himmel ganz nah kommt. Auch für herzliche Gastlichkeit, bestes Essen und hervorragende Weine ist die sonnenverwöhnte Urlaubsregion bekannt. Ganz zu schweigen von ihren zahlreichen Burgen und Schlössern, den reich geschmückten Kirchen und Klöstern, den einladenden Einkaufsstraßen und den ungewöhnlichen Museen, die Gäste so gern bei Spaziergängen, Wander- oder Radausflügen erkunden.

Weinseligkeit

Jedes Jahr produzieren die Südtiroler Weinbauern rund 40 Mio. Flaschen. Leichte Eisacktaler Weißweine können etwa in der traditionsreichen Stiftskellerei von Kloster Neustift verkostet werden. In und um Terlan entstand vor mehr als 120 Jahren die erste Kellereigenossenschaft Südtirols, und nach Tramin an der Weinstraße ist sogar ein eigener Wein benannt.

Burgenromantik

Kaum ein Hügel und sicher kein Tal in Südtirol, die nicht von einer Burg bewacht wären. Die meisten sind sogar gut erhalten. Zu den schönsten gehören Burg Taufers im Pustertal, Burg Hocheppan nahe Bozen, Schloss Tirol bei Meran und die Churburg hoch über Schluderns.

Kirchenschätze

An Kirchen und Klöstern herrscht kein Mangel im volksfrommen Südtirol, oft sind sie großartig geschmückt. Stellvertretend für viele seien hier genannt der reich ausgemalte Domkreuzgang in Brixen, der meisterlich geschnitzte Lederer-Altar in einer Kapelle in Latsch und die romanischen Fresken von St. Prokulus in Naturns.

Gipfelglück

Alpen und Dolomiten bestimmen in weiten Teilen das Bild Südtirols. Ein herrlicher Anblick ist zum Beispiel der im Abenddämmer rotgolden glühende Rosengarten. Markant sind auch die Dolomitenzacken der Sextner Sonnenuhr, und der Ortler gilt gar als »König« Südtirols.

Traditionspflege

Traditionsbewusst pflegen die Südtiroler ihr kulturelles Erbe. Das kann handfest sein wie das Schnitzen im Grödnertal oder eher immateriell in Form überlieferter Bräuche und Feste wie der archaische Egetmann-Umzug in Tramin. Uralte Wurzeln hat auch der alljährliche Schaftrieb, die Transhumanz, im Passeiertal.

Einkaufslust

Niemand muss in Südtirol die Freuden des Stadtlebens vernachlässigen. Bozen etwa ist für sein Shoppingangebot bekannt. Merans Altstadt lädt ein zum entspannten Einkaufsbummel. Die etwas kleinere Fußgängerzone von Schlanders übernimmt diese Rolle für das Vinschgau.

Zeitreisen

Mancherorts scheint die Zeit stehen geblieben zu sein. In Sterzing etwa wird das Mittelalter der Kaufleute lebendig, eher bäuerlich geprägt zeigt sich das aus dieser Zeit vollständig erhaltene Städtchen Glurns. Gar in der k.u.k.-Zeit könnte sich wähnen, wer in Meran durch die mediterrane Blütenpracht der Trauttmansdorffer Gärten flaniert.

Bewegungsdrang

Ein kleiner Spaziergang oder doch lieber eine Bergtour auf Schusters Rappen oder mit dem Mountainbike? Abfahrtsski, Langlaufen, Schneeschuhwandern? Das alles und noch viel mehr können Aktivurlauber etwa im Naturpark Puez-Geisler, entlang des Marlinger Waalwegs oder auf der Sellaronda um die Sellagruppe erleben.

Horizonterweiterungen

Ungewöhnliche Menschen treffen, Neues erfahren, die Welt mit anderen Augen sehen – all das kann man in den Südtiroler Museen. Dafür empfehlen sich besonders das Südtiroler Archäologiemuseum, eines von sechs Messner Mountain Museen und das Südtiroler Weinmuseum in Kaltern an der Weinstraße.

Freudenfeste

Die Südtiroler feiern die Feste, wie sie fallen – und laden ihre Urlaubsgäste herzlich dazu ein. Erleben Sie Musik und Tanz, Essen und Trinken beim Oswald-von-Wolkenstein-Ritt auf der Seiser Alm, bei der Sarner Kirchweih in Sarnheim oder dem Straßenfest Marmor & Marillen in Laas.

Genießerfreuden

Knödel, Speck, Apfelstrudel … auch die moderne sterne- und haubenreiche Südtiroler Küche hält die Tradition hoch. Feinschmecker finden Kostproben z.B. auf dem Nussbaumerhof im ruhigen Nauders über Mühlbach ebenso wie in der Gaststube des Thurnerhofs in Schenna oder im Martelltal im Burgauner Hof.

Unterwegs

*Unterhalb der Seiser Alm und inmitten grüner Wiesen steht
überaus fotogen die kleine Kirche St. Valentin, hinter der das
imposante Felsmassiv des Schlern aufragt*

Eisacktal – über die Alpen nach Süden

Klassische Route nach Südtirol über den Brenner und entlang des Flusses Eisack durch Europas imposantes Hochgebirge

Beidseits des 1370 m hohen Brennerpasses, in Österreich wie in Südtirol, heißt die von der Natur vorgegebene Wegschneise durch die Alpen noch Wipptal. Es bietet Platz für diverse Verkehrswege: eine Eisenbahntrasse, die kurvenreiche »alte Brennerstraße« SS12, oft auf Stelzen darüber die vierspurige Brennerautobahn A13/E45 und nicht zuletzt für den Gebirgsfluss Eisack, dem das Tal schon bald seinen Namen gibt. Unterwegs nach Süden finden Reisende bereits erste Schönheiten ihres Gastlandes vor: traditionsreiche alte Bergbauzentren, Luftkurorte und Handelsstädte, reiche Klöster, Kirchen und Kapellen und vor allem eine überwältigende Natur. Die zeigt sich in fruchtbaren Obstgärten ebenso wie in der atemberaubenden Bergwelt der Alpen oder, schon am Horizont erkennbar, den Dolomiten.

Auch in punkto Urlaubsvergnügen zeichnet sich bereits die ganz Palette

Südtiroler Attraktionen ab. Die umfasst Bergwanderungen und Klettersteige ebenso wie Schaubergwerke und Schnitzaltäre. Vor allem aber verraten grandiose Skigebiete und leckere Regionalküche dem Erholungsuchenden – Ziel erreicht.

In diesem Kapitel:

ADAC Top Tipps:

 Sterzing
| Stadtbild |
Zinnen, Erker, Laubengänge – die historische Neustadt besticht als malerisches Gesamtensemble, überwacht vom stolzen Zwölferturm. 19

Brixner Domkreuzgang
| Fresken |
Bibel-Bilderbuch aus dem 14. und 15. Jh. an den Wänden und Gewölbedecken im Kreuzgang des barocken Prachtdoms. 29

ADAC Empfehlungen:

1 Gossensass
Colle Isarco

Tor nach Südtirol und ins versteckte, weitgehend ursprüngliche Pflerschtal

 Information

■ Tourismusverein Gossensass, Ibsenplatz 2, 39041 Brenner, Tel. 04 72/63 23 72, www.gossensass.org

Im 15. und 16. Jh. machten reiche Silberadern aus Gossensass ein kleines Bergbauzentrum. Geradezu weltläufig ging es zu, als im späten 18. und frühen 19. Jh. allerlei Prominenz in dem Alpendörfchen die gute Bergluft und in den Thermalquellen von Brennerbad Heilung suchte. Der norwegische Dramatiker Henrik Ibsen (1828–1906) besuchte gleich mehrmals die damalige k.u.k.-Sommerfrische. Eine kleine Ausstellung im Rathaus erinnert daran.
Gossensass' Stern sank mit Beginn des Ersten Weltkriegs, doch haben sich in dem Marktflecken, heute Sitz der Gemeinde Brenner, etliche Gründerzeitbauten erhalten. Von hier zweigt außerdem das von schneebedeckten Gipfeln geprägte Pflerschtal nach Westen ab. Der 3097 m hohe Pflerscher Tri-

ADAC *Spartipp*

Mit der **mobilCard** sind Sie in ganz Südtirol günstig mit öffentlichen Verkehrsmitteln unterwegs. Sie ist als Tagesticket oder für drei oder sieben aufeinanderfolgende Tage erhältlich. Erweiterungen wie die museumobil Card (S. 135) oder die bikemobil Card (S. 131) bieten zusätzliche Vorteile.
www.mobilcard.info

bulaun am Talende über Innerpflersch gilt als einer der besten Kletterberge der Stubaier Alpen, südlich bietet das Gebiet um Ladurns reichlich Wanderwege und Wintersportgelegenheiten.

 Verkehrsmittel

Bergbahnen Ladurns Vier kleinere Lifte führen hinauf in das familienfreundliche Wander- und Skigebiet auf der Ladurner Alm. Gemeinsamer Pass im Skiverbund mit der Sterzinger Rosskopfbahn und 13 weiteren Skigebieten.
■ Pflersch 94, Gossensass, Tel. 04 72/77 05 59, www.ladurns.it, Anf. Dez.–Anf. April tgl. 8.30–16.15, Ende Juni–Mitte Juli und Anf. Sept.–Mitte Sept. Mi, Fr, Sa, So, Mitte Juli–Anf. Sept. tgl. 9–17 Uhr, Bergfahrt 8,50 €, erm. 7,50 €, Berg- und Talfahrt 12,50 €, erm. 11 €, Skipass ab 30 € pro Tag

![image](Schnurgerade verläuft Sterzings charmante Fußgängerzone bis zum Zwölferturm)

Schnurgerade verläuft Sterzings charmante Fußgängerzone bis zum Zwölferturm

Restaurants

€€ | **Gasthof Moarwirt** In dem Traditionsgasthaus im Ortszentrum lassen frische Forellen, Lamm und andere »Eisacktal-Kost« aus heimischer Produktion keine Wünsche offen. ■ Romstr. 11, Tel. 04 72/63 23 24, www.moarwirt. com, Di geschl.

2 **Sterzing**
Vipiteno

1 *Malerische Neustadt mit Erker- und Laubenhäusern*

i Information

 Tourismusverein Sterzing, Stadtplatz 3, 39049 Sterzing, Tel. 04 72/76 53 25, www. sterzing.com

Eine 7000-Seelen-Gemeinde, und doch wirkt der regionaltypisch lang gestreckte Hauptort viel größer. Denn hier machten und machen, kaum dass das Wipptal südlich des Brenners etwas Raum lässt, fast alle Reisenden Halt. Im 15. Jh. blühte Sterzing als Bergbau-, Handels- und Dienstleistungszentrum. Dazu trugen geschäftstüchtige Kaufleute maßgeblich bei, einheimische ebenso wie vor allem die Augsburger Fugger. Nach einem verheerenden Brand im Jahr 1443 bauten sie die gesamte südliche Stadthälfte mit großzügigen Warenlagern und mehrstöckigen Stadthäusern prächtig wieder auf. Daher heißt Sterzings schnurgerade verlaufende Fußgängerzone trotz ihrer geschlossenen mittelalterlichen Bebauung Neustadt. Die ebenfalls charmante Altstadt zieht sich nördlich des

ADAC *Mittendrin*

Marienverehrung wird im katholischen Südtirol großgeschrieben, nicht erst seit Andreas Hofer sein Heimatland unter den besonderen Schutz der Gottesmutter stellte. Heute wie vor 600 Jahren pilgern Gläubige am 1. Mai beim »Gerichtskreuzgang« von Sterzing zum Gnadenbild der »Trenser Mutter« im 5 km entfernten Weiler Maria Trens. *Auskünfte und ggf. Führung bei Helene Benedikter, Gasthof Post, Maria Trens, Tel. 04 72/64 71 24*

Stadtplatzes leicht bergan. Dazwischen erhebt sich der viereckige Zwölferturm mit Tordurchgang, Turmuhr und Treppengiebel, zu seinen Füßen die gotische Spitalkirche zum Heiligen Geist. Weitere Sehenswürdigkeiten wie die Pfarrkirche zu Unserer Lieben Frau im Moos liegen etwas außerhalb. Das haben sie mit dem Hausberg Sterzings gemein, dem Rosskopf, der sich nördlich der Stadt 2176 m hoch erhebt.

Sehenswert

Multscher-Museum

| Museum |

Das kleine Stadtmuseum am südlichen Ortsrand ist in einem strengen weißen Gebäudekomplex untergebracht, einst Hospiz und Kommende des Deutschherrenordens. Glanzstücke sind die acht Bilder des 12 m hohen Flügelaltars, den Meister Hans Multscher 1456–59 für die Sterzinger Pfarrkirche schnitzte und malte. Im dortigen Hochaltar erinnern noch die fünf ausdrucksstarken Schnitzfiguren der hll. Apollonia, Barbara, Katharina und Ursula sowie Maria mit dem Jesuskind an das Meisterwerk.

■ Deutschhausstr. 11, www.museen-suedtirol.it, April–Okt. Di–Sa 10–13, 13.30–17 Uhr, 2,50 €

Verkehrsmittel

Rosskopfbahn Erschließt im Sommer die Wander-, im Winter die Skigebiete um Sterzing. Gemeinsamer Pass mit den Gossensasser Ladurns-Liften und 13 weiteren Skigebieten in Südtirol. ■ Brennerstr. 12, Tel. 04 72/76 55 21, www.rosskopf.com, www.rosskopf-ladurns.it, Dez.–Anf. April und Ende Mai–Ende Okt. tgl. 8–17 Uhr, Bergfahrt ab 9,50 €, Berg- und Talfahrt ab 12,50 €, erm. 8 € und 11 €

Restaurants

€€–€€€ | Lamm Schick modernisiertes Traditionslokal, in dem Südtiroler und italienische Klassiker stets zu empfehlen sind. ■ Neustadt 16, Tel. 04 72/76 51 27, www.hotellamm.it, Dez.–Okt. tgl.

€€–€€€ | Schaurhof Der Hausherr kocht selbst: Feines gutbürgerliches Essen in gemütlicher Gaststube. Kinderfreundlich. ■ Ried 20, Tel. 04 72/76 53 66, www.schaurhof.it, Mi–Mo 12–14, 17–21 Uhr

① **€€€ | Gourmetstube Einhorn** Frische, einfallsreiche Küche von Chefkoch Peter Girtler im Romantik-Hotel Stafler. Alternativ: nebenan die ebenfalls superbe Gasthofstube Stafler. ■ Mauls 10 (ca. 12 km südöstl. von Sterzing), Gemeinde Freienfeld, Tel. 04 72/77 11 36, www.stafler.com

Cafés

Café Konditorei Prenn Für Kaffee, hausgemachte Strudel, Kuchen und Gebäck lohnt sich der Weg auf die »andere Seite« des Zwölferturms. ■ Altstadt 17a, Tel. 04 72/76 51 80, www.prenn.info

Auf einem Hügel liegt Burg Reifenstein, eine der besterhaltenen Burganlagen Südtirols

 In der Umgebung

Burg Reifenstein (Castel Tasso)
| Burgruine |

Massig ragen Sturmmauern, Wohn- und Viereckturm des Burgfrieds auf waldgrünem Felshügel auf. Einst schützte die malerische Burg den Weg über den Jaufenpass, heute ist die gut erhaltene Anlage ein beliebtes Ausflugsziel.

■ Elzenbaum (ca. 2 km südl. von Sterzing), Gemeinde Freienfeld, Mobil 339/264 37 52, www.sterzing.com, nur mit Führung April–Okt. So–Fr 10.30, 14 und 15, Ende Juli–Anf. Sept. auch 16 Uhr, 7 €

Pfitschtal (Val di Vizze)
| Tal |

23 km steigt das Hochtal nordöstlich von Sterzing zu den Zillertaler Alpen an, von 948 m beim Hauptort Wiesen

am Taleingang auf 2246 m am Pfitscher Joch. Das Tal selbst wird im Norden vom Tuxer Kamm, im Süden von den Pfunderer Bergen begleitet und bietet ideale Bedingungen zum Bergsteigen, Wandern, MTB- und Skifahren.

`3` Ridnauntal
Valle di Ridanna

Ideal für Wanderer und Wintersportler, Montanfreunde und Motorradfahrer

i **Information**

■ Tourismusbüro Ratschings, Gasteig/Jaufenstr. 1, 39040 Ratschings, Tel. 04 72/76 06 08, www.ratschings.info, www.ridnauntal.eu

Eigentlich sind es drei Täler, die hier westlich von Sterzing die Berge erschließen. In die Stubaier Alpen führt das Ridnauntal, von dem gleich zu Beginn südwestlich das breite Ratschingstal (Valle di Racines) und südlich das zunächst sehr schmale Jaufental (Val di Giovo) abzweigen. Drei-Täler-Gemeinde wird denn auch ihr gemeinsamer Hauptort Ratschings im gleichnamigen Tal genannt.

Im Blickpunkt

Obstanbau in Südtirol – Süße Früchtchen

Mit 18 500 ha ist Südtirol das größte zusammenhängende Obstanbaugebiet Europas. Manche Regionen sind bekannt für Marillen (Aprikosen), andere für Erdbeeren oder Birnen. Vor allem aber werden jedes Jahr rund sechs Milliarden bzw. mehr als 950 000 t Äpfel erzeugt. Die Plantagen finden sich im gesamten Südtiroler Tälerdreieck, von Natz-Schabs über dem Eisack bis Mals im oberen Etschtal und zur Salurner Klause am südlichen Ende der Weinstraße.

Dabei dienten Äpfel bis weit ins 19. Jh. hinein hauptsächlich der Selbstversorgung. Erst der Bau der Brenner-Eisenbahn ermöglichte den Apfelexport in großem Stil. Doch der wirtschaftliche Erfolg ist zweischneidig, Monokultur und Pestizideinsatz geraten zunehmend in Kritik. Ziel ist heute, die berechtigten Interessen der gut 7000 Obstbauern mit den ebenfalls überzeugenden Überlegungen zu Flächenökonomie, Ressourcenverbrauch und Umweltschutz in Einklang zu bringen.

Fast 900 Jahre lang spielte der Bergbau im hinteren Ridnauntal eine bedeutende Rolle. Seit er Ende des 20. Jh. eingestellt wurde, gehört das 18 km lange Tal wieder ganz den rund 4000 Einwohnern der Orte Ridnaun, Mareit und Telfes. Gäste kommen zahlreich, im Sommer zum Wandern, im Winter zum Langlaufen. An Naturschönheiten lockt z. B. am weiten Talende des Übeltalferner, mit rund 6 km² der größte Gletscher Südtirols. Biathlon-Profis trainieren in Ridnaun, weiter südlich bietet das Skigebiet Ratschings-Jaufen jede Art von Wintersport.

Überhaupt hat Jaufen ganz eigene Fans. Allen voran Motorradfahrer, die jeden Sommer aufs Neue die kurvenreiche Fahrt über den Jaufenpass genießen, eine der europäischen Traumrouten schlechthin (S.24).

 Sehenswert

Gilfenklamm

| Schlucht |

Der an sich kleine Ratschinger Bach hat dieses beeindruckende Naturschauspiel aus Fels und weißem Marmor geschliffen. Erkunden kann man die rund 2,5 km lange, einzige Marmorschlucht Europas auf Holzstegen, über Steintreppen und spektakuläre Hängebrücken gut 15 m über den sprudelnden Wassern.

■ Unterer Einstieg bei Ratschings-Stange, oben am Jaufensteg, 175 Hm, Mai–Anf. Nov. tgl. 9–17, Juli–Aug. bis 18 Uhr, 4 €, erm. 3,50 €

Schloss Wolfsthurn

| Museum |

Das weiße, turmreiche Barockschloss beherbergt das Südtiroler Landesmuseum für Jagd und Fischerei. Ne-

Zwischen engen Felswänden stürzt der Ratschinger Bach in die Gilfenklamm

ben Prunkräumen, Volkskunst und interessanten Stücken zu Jagd und (Fliegen-)Fischerei in Südtirol erstaunen bauliche Finessen wie zum Beispiel genau 365 Fenster. Der etwa 1 km lange Themenwanderweg »Wald und Wasser« führt von der Pfarrkirche Mareit herauf zum Schloss.

◾ Kirchdorf 25, Ratschings-Mareit, Tel. 04 72/75 81 21, www.wolfsthurn.it, April–Mitte Nov. Di–Sa 10–17, So 13–17 Uhr, 6 €, erm. 4,50 €

Bergbauwelt Ridnaun Schneeberg
| Schaubergwerk |

Rund 900 Jahre lang wurde im Ridnauntal am Schneeberg nach Blei, Zink und Silber geschürft. 1978 schloss das einst höchstgelegene Bergwerk Europas seine Pforten. Das Südtiroler Bergbaumuseum füllt die alten Stollen nun erneut mit Leben. Kinder können die Welt untertage in eigens auf sie zugeschnittenen Angeboten kennenlernen.

◾ Maiern 48, Ridnaun-Schneeberg, Tel. 04 72/65 63 64, www.ridnaun-schneeberg.it, nur mit Führung April–Anf. Nov. Di–So, Aug. tgl., 9.30, 11.15, 13.30 und 15.15 Uhr, 10 €, erm. 7 €

 Verkehrsmittel

Ratschings-Jaufen Kabinen- und Sesselbahn zum Wander- und Skigebiet in 2150 m Höhe, d. h. im Winter zu Pisten, Loipen, Funpark und Rodelbahn, von Frühjahr bis Herbst lädt die Almregion zu schönen Wanderungen ein.

◾ Innerratschings 18a, Ratschings, Tel. 04 72/65 91 53, www.ratschings-jaufen.it, Dez.–Anf. April tgl. 8.30–16.15/16.30, Anf. Juni–Anf. Okt. bis 17 Uhr, Bergfahrt 9,50 €, erm. 8,50 €, Berg- und Talfahrt 14 €, erm. 12,50 €, Skipass ab 37 € pro Tag

Der kurvenreiche Jaufenpass verbindet das Ratschingstal mit dem Passeier Tal

Restaurants

€€ | **Gasthof Jaufensteg** Zünftige Einkehr in Bestlage mit Sonnenterrasse am oberen Ende der Gilfenklamm.
■ Jaufensteg 4, Außerratschings, Tel. 0472/755340, www.jaufensteg.com

€€–€€€ | **Sonklarhof** Beste Tiroler Küche, von Apfelstrudel am Nachmittag bis zum abendlichen 4-Gänge-Menü.
■ Ridnaun 16, Ratschings, Tel. 0472/656212, www.sonklarhof.com

In der Umgebung

Strada Stratale 44 del Passo di Giovo

| Passstraße |

 In 20 spektakulären Spitzkehren geht es auf den Jaufenpass

Eine vielfach gewundene Straße verbindet das Ratschingstal mit dem südlich benachbarten Passeiertal. Mit 58 km Länge ist diese SS 44 die kürzeste Verbindung zwischen Sterzing und Meran, wovon die eigentliche Passstraße rund 33 km ausmacht. Jeden Sommer legen sich unzählige Biker hier in die Kurven und freuen sich einfach an der panoramareichen Fahrt, eingerahmt von den Ötztaler Alpen im Norden und Westen sowie den Sarntaler Alpen im Süden. Auch Auto- und Radfahrer genießen die Straße, Höhepunkt ist in 2094 m Höhe der Jaufenpass (Passo di Giovo), überragt von der Jaufenspitze (2481 m) im Osten.
■ ganzjährig befahrbar, Nachtsperre 18–8 Uhr, keine Wohnwagengespanne

4 Natz-Schabs
Naz-Sciaves

Feriendörfer in Apfelgärten auf sonnigem Hochplateau

Information

■ Tourismusverein Natz-Schabs, Oberbrunnergasse 1, Haus Hansengut, 39040 Natz-Schabs, Tel. 0472/415020, www.natz-schabs.info

Im Winkel südlich von Eisack- und Pustertal erstreckt sich zwischen Berg und Tal die Hochebene von Natz-Schabs. Natz mit seinen knapp 600 Einwohnern liegt auf 889 m Höhe, das kaum größere Gemeindezentrum Schabs nur wenig darunter (775 m). Ebenfalls zur Gemeinde gehören die Fraktionen Raas, Viums und Aicha.

Die Sonne meint es gut mit diesem schönen Fleckchen Erde, Äpfel und auch Wein gedeihen hier prächtig. Im Frühling bezaubert die Apfelblüte, im Herbst locken die reifen Früchte und feinen Spezialitäten daraus, etwa zum Apfelfest im Oktober. Wer beschauliche Urlaubstage verbringen will, ist hier im nördlichsten Apfelanbaugebiet Südtirols das ganze Jahr über richtig.

 Sehenswert

Apfelweg (Sentiero della Mela)
| Themenweg |
Der knapp 8 km lange Wanderweg mit Infotafeln zwischen Natz und Raas zeigt die landschaftliche Vielfalt der Region, führt durch Föhrenwald, Apfelplantagen, Wiesen, Biotope und Kastanienhaine. Am Aussichtspunkt Ölberg kann man auf Relaxliegen entspannen.

 Restaurants

€ | **Goldener Apfel** Einheimische und Gäste schätzen die gutbürgerliche Küche und riesigen Pizzen. ▣ Schlossergasse 10, Natz, Tel. 0472/41 55 04, www. goldenerapfel.com, Di–So 17–22.30 Uhr

€€ | **Sachsenklemme** Viel gelobte Wirtshausbrauerei an historischer Felsenge, es locken solide Küche und hausgebraute Biere. ▣ Sackweg 1, Franzensfeste-Grasstein, Tel. 0472/83 78 37, www.sachsenklemme.it

 Events

Fest der Königinnen Die lokale amtierende Apfelkönigin begrüßt alljährlich am 1. Mai zahlreiche andere Südtiroler »Produkthoheiten« wie die Mohn- oder die Zwiebelkönigin; Empfang am Vorabend, reichlich gutes Essen und Trinken auf der »Königlichen Meile«, Festumzug.

 Wandern

Lüsen (Luson) Sanfter Tourismus ist angesagt in den hügeligen Hochlagen der Lüsneralm im Lüsener Tal östlich von Natz-Schabs. Wanderwege durchziehen die artenreichen Magerwiesen, im Winter sind Langlaufloipen gespurt und Schneeschuhwanderer stapfen durch den Pulverschnee. ▣ www.luesen.com

 In der Umgebung

Franzensfeste (Fortezza)
| Museum |
Das gewaltige Bollwerk ließ der österreichische Kaiser Franz I. 1832–39 an einer engen Stelle des Eisacktals errichten. Heute beherbergen die mäch-

ADAC *Wussten Sie schon?*

… dass bei Franzensfeste der südliche Ausgang des **Brenner-Basistunnels** (BBT) liegt? Baubeginn war 2008, die Fertigstellung des gewaltigen, insgesamt (mit der Innsbrucker Tunnelumfahrung) 64 km langen österreichisch-italienischen Gemeinschaftsprojekts ist für 2025, die offizielle Inbetriebnahme des unterirdischen Bahngüterverkehrs für 2026 geplant.

Die Anfänge des Augustiner Chorherrenstifts Neustift reichen bis ins 12. Jh. zurück

tigen Mauern die zwei Ausstellungen »Kathedrale in der Wüste« zur Festungsgeschichte sowie »Bunker und Verteidigungsanlagen in Südtirol«.

■ www.festung-franzensfeste.it, Mai–Okt. Di–So 10–18, Nov.–April Di–So 10–16, 7 €, erm. 5 €, Führungen Mai–Okt. Di–So 11 und 15 Uhr, 5 €

5 Neustift
Novacella

Kloster mit gotischem Kreuzgang und barocker Basilika

 **Information**

■ Stiftsverwaltung, Tel. 04 72/83 61 89, www.kloster-neustift.it

Kloster Neustift und das gleichnamige Dorf nahebei gehören zur Gemeinde Vahrn. Beide liegen an den Osthängen des Eisacktals inmitten von Weinbergen und Obstgärten. Auch das 1142 vom Brixener Bischof Hartmann gegründete und nach wie vor aktive Kloster nutzt die hier idealen Bedingungen von Böden, Sonnenstunden und mildem Klima zur Weinkelterei. Besonders gut gedeihen die Eisacktaler Weißweine, Gewürztraminer etwa, Rivaner, Silvaner oder Veltliner. Im Herbst laden in der ganzen Region Buschenschänken zum Weinkosten und Törggelen ein.

  Sehenswert

Augustiner Chorherrenstift Neustift
| Kloster |
Geistlicher Mittelpunkt von Kloster Neustift ist die üppig ausgestattete

spätbarocke Basilika mit gotischem Kreuzgang. Zur Anlage gehören zudem die Rokoko-Bibliothek, eine Pinakothek mit Pacher-Altären, ein historischer Garten samt achteckigem »Wunderbrunnen« und Mammutbaum sowie nicht zuletzt die erfolgreiche Klosterkellerei.

■ Stiftsführung April–Anf. Jan. Mo–Sa 10, 11, 14, 15 und 16, Mitte Juli–Mitte Sept. zusätzlich 12 Uhr, 9 €. Führung durch den Stiftsgarten Ende April–Mitte Okt. Mo, Mi und Fr nach Reservierung unter Tel. 04 72/83 61 89, 9 €. Im Klosterladen gibt es Weine, Schnäpse, Südtiroler Speck und vieles mehr, Mo–Sa 9.15–18 Uhr

Vahrner See

| See |

Als artenreiches Naturjuwel steht der Vahrner See unter Schutz. Ein erfrischendes Bad im jodhaltigen Wasser können Besucher am Nordufer im Bereich der umgrenzten Liegewiese nehmen. Ein Spazierweg führt rund um den schilfbestandenen See.

■ Höhe Autobahnabfahrt Pustertal, auf der Westseite des Eisacktals, rund 2 km nördlich von Vahrn

 Restaurants

€€ | **Köfererhof** Verfeinerte regionale Küche und Weine vom eigenen Gut.

■ Pustertalerstr. 3 (am Hang über dem Kloster), Neustift/Vahrn, Tel. 04 72/83 66 49, www.koefererhof.it

 Erlebnisse

③ Im **Stiftskeller** Ausschank von Weinen, Schnäpsen, Säften und Imbiss Mo–Sa 10–19 Uhr. Weinverkostung mit oder ohne Kellereibesichtigung und Weinbergführung ab 9 €.

 Wandern

Törggelesteig Leichter, bestens auch für Familien geeigneter Wanderweg zwischen Schabs (Beschilderung ab Pfarrkirche) und Kloster Neustift, rund 8 km durch reizvolle alte Kultur- und Weinlandschaft. Unterwegs bietet sich Gelegenheit zur gemütlichen Einkehr, im Herbst vor allem in traditionellen Buschenschänken. In etwa genauso lang und ähnlich schön zu gehen ist der Weg zwischen Neustift und der Adlerbrücke in Brixen.

Im Blickpunkt

Törggelen – Was Leib und Seele zusammenhält

Gerstsuppe, Schlutzkrapfen, Surfleisch, Knödel – eigentlich ist die so beliebte Südtiroler Küche einfach. Ihr Geheimnis sind frische Produkte in bester Qualität mit Sorgfalt und Zeit vor Ort zubereitet. Diese Grundlagen tragen, auch wenn internationale Einflüsse die kulinarische Palette bereichern und variieren.

Unverändert beliebt ist das Törggelen, bei dem ursprünglich Weinhändler im Herbst bei den Bauern den jungen Wein verkosteten. Der Begriff selbst stammt übrigens vom Wort »Torggel« für Weinpresse. Heute zeigen aufgesteckte Besen an den Höfen an, dass hier in einer sog. Buschenschänke eigener »Nuier«, also neuer Wein, ausgeschenkt wird. Dazu gehört eine kräftige Marende, eine Brotzeit mit Speck, Hartwurst und Käse auf dem Holzbrett. Und dann wird es sehr oft sehr gemütlich.

6 Brixen (Bressanone)

Mittelalterliche Bischofsstadt voll Südtiroler Charme

Seine Fresken machen den Brixner Domkreuzgang zu einem einzigartigen Kunstschatz

ℹ Information

■ Tourismusverein Brixen, Regensburger Allee 9, 39042 Brixen, Tel. 04 72/83 64 01, www.brixen.org
■ Eisacktal Marketing KGmbH, Großer Graben 26A, 39042 Brixen, Tel. 04 72/80 22 32, www.eisacktal.com
■ Parken: siehe S. 31

 Bischofssitz mit reichem Kultur-erbe und lebensfrohem Ambiente

Etwa auf halbem Weg zwischen Brenner und Bozen liegt Brixen in einer Talweitung an der Mündung der Rienz in den Eisack. Mit rund 22 000 Einwoh-nern und einer regen Industrie ist sie die drittgrößte Stadt Südtirols und teilt sich mit Bozen den Bischofssitz. Die Ehre besaß Brixen seit dem Jahr 990, im 11.–19. Jh. residierten die geistlichen Herren hier mit kurzen Unterbrechun-gen sogar als mächtige Fürstbischöfe. Repräsentative kirchliche Bauten wie Kirchen, Klöster, Hofburg und ein Pries-terseminar prägen das Gesicht der historischen Altstadt. Für Auflocke-rung sorgen etwa am Domplatz der Christkindlesmarkt und alle zwei Jahre das Altstadtfest. Die Großen und Klei-nen Lauben laden zum Shopping-bummel ein, Studenten sorgen für fri-schen Wind.

Plan
S.30

2 Brixner Domkreuzgang
| Fresken |

Mittelalterliche Bilder fürs Seelenheil zum Anschauen und Staunen

Den offenarkadigen Wandelgang um den 20 x 20 m großen Innenhof südlich des Doms zieren ausdrucksstarke romanische und gotische Fresken. Die Bilder an den Wänden und in den Kreuzgewölben zeigen das Leben von Aposteln und Heiligen, Passion und Auferstehung Jesu, das Marienleben und alttestamentarische Begebenheiten. Auch veranschaulichen sie diverse Tugenden und Laster und offenbaren den Zeitgeist ihrer Entstehung (14.–16. Jh.), etwa in der Abbildung von Kreuzfahrern oder fantasievoll pferdeähnlich dargestellten Kriegselefanten.

■ Öffnungszeiten wie Dom

3 Hofburg
| Diözesanmuseum |

Ein Wassergraben umgibt die mächtige vierflügelige Fürstbischöfliche Hofburg. Im ursprünglichen Bau residierte Mitte des 15. Jh. bereits Nikolaus von Kues, genannt Cusanus, Universalgelehrter und einflussreicher Fürstbischof von Brixen.

In 70 Sälen der weiten Zimmerfluchten zeigt u. a. das Diözesanmuseum

 Sehenswert

1 Dom Mariä Himmelfahrt und St. Kassian
| Dom |

Unübersehbar weisen die zwiebelbehaubten Zwillingstürme den Weg zum Dom. Den Innenraum des hohen, dabei kompakten dreischiffigen Barockbaus zieren Fresken und Gemälde des Pustertaler Meisters Paul Troger, an farbigem Marmor wurde nicht gespart und unter der Apsishalbkuppel prangt ein prachtvoller Hochaltar.

■ Domplatz, Ostern–Allerheiligen und Dez. tgl. 7–18, sonst 7–12 und 15–18, Führungen Mo–Sa 10.30 und 15 Uhr

ADAC *Mobil*

In Brixen gilt Mo–Fr 7–10 und 16–19 Uhr ein Fahrverbot für Fahrzeuge der Klassen Euro 0 und 1. Infos zu den betreffenden Zonen unter: www.provinz.bz.it/guteluft

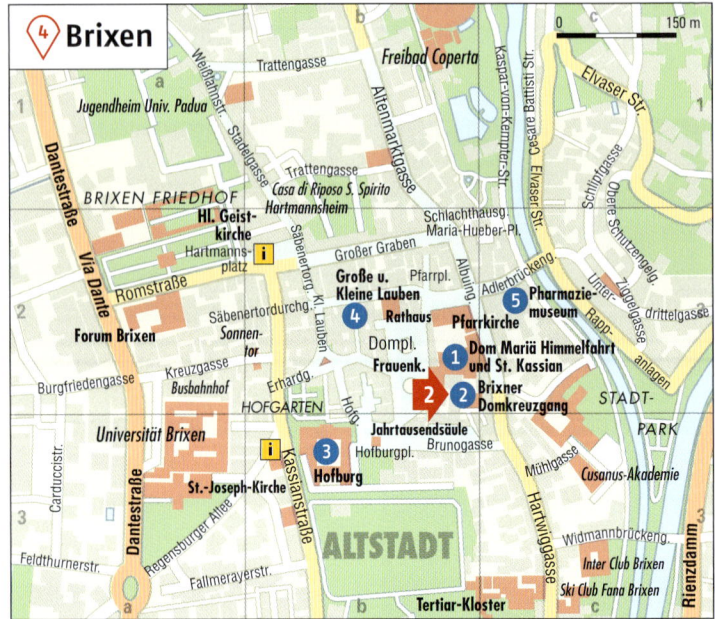

einen Teil der Brixner Kirchenschätze: Gemälde, Altäre und Altarbilder, liturgisches Gerät und kostbare Gewänder wie die Adlerkasel des hl. Albuin aus dem 10. Jh.

Im Untergeschoss sind mehr als 90 Krippen aufgebaut. Die größte ist ein Landschaftsszenario, bestückt mit 5000 Schnitzfiguren der Sterzinger Brüder Probst.

■ Hofburgplatz 2, Tel. 0472/83 05 05, www.hofburg.it, Mitte März–Okt. Di–So 10–17 Uhr, 8 €, erm. 6 €

4 Große und Kleine Lauben
| Stadtbild |

Begrenzt vom Großen und Kleinen Graben laden in historischen Erker- und Laubenhäusern zahlreiche Geschäfte, Cafés und Restaurants zum Bummeln ein. Inbegriff der Flanierkultur sind die autofreien Großen Lauben und die rechtwinklig dazu verlau-

fenden Kleinen Lauben. Außerdem kann man im kleinen Zentrum von Brixen so manche Entdeckung machen. Den lauschigen Hofgarten etwa, Befestigungsreste wie Sonnentor oder Michaelstor, oder am Schnittpunkt der beiden Laubengassen die Fassadenfigur des dreiköpfigen »Wilden Mannes«.

5 Pharmaziemuseum
| Museum |

Im Erdgeschoss hilft seit mehr als 400 Jahren die Stadtapotheke mit Pülverchen und Pillen. Im Stockwerk darüber beleuchtet das passende Museum die Geschichte von Heilmitteln, zeigt Gefäße, Gerätschaften und Verpackungen aus dem Pharmazeutenleben damals und heute.

■ Adlerbrückengasse 4, Tel. 0472/ 20 91 12, www.pharmaziemuseum.it, Di–Mi 14–18, Sa 11–16, Juli–Aug. Mo–Fr

14–18, Sa 11–16, im Advent zusätzl. So 11–16 Uhr, 3,50 €, erm. 2,50 €

 Parken

Parking Brixen Zentrales 24-Std.-Parkhaus. Dantestr. 13, 1,70 €/Std., 20–7 Uhr 0,85 €/Std., Plan S. 30 a2

 Restaurants

€–€€ | **Gummererhof** Zu jungem Wein gibt es in der gemütlichen Holzstube Surfleisch, Gerstensuppe, Kasnocken, Knödel und Keschtn (Kastanien). ▨ Pinzagen 18, www.gummererhof.it, Törggelen Sept.–Feb., Plan S. 30 südl. b3

€€ | **Künstlerstübele Finsterwirt** In der alten Traditionsschenke trank man früher nach der Sperrstunde im Dunkeln weiter. Heute kommen die Gäste wegen der Südtiroler Küche. ▨ Domgasse 3, Tel. 0472/83 53 43, www.finster wirt.com, Di–So 11.45–14.15, 18.45–21.15 Uhr, Plan S. 30 b2

 Cafés

Café am Gries Kaffee und Kuchen, Torten, Schnitten, Baisers, süße Mehlspeisen gleich hinterm Dom. ▨ Albuingasse 7, Tel. 0472/83 57 06, Plan S. 30 c2

Pupp Liebenswerter Kaffeehaus-Charme in Café, Konditorei und Eisdiele. ▨ Altenmarktgasse 37, Tel. 0472/ 83 47 36, www.pupp.it, Di–Sa 7–19, So 7–12 Uhr, Plan S. 30 b1

 In der Umgebung

Plose

| Ski- und Wandergebiet |

Sonnenreiches Ski- und Wandergebiet auf dem Brixener Hausberg Plose, Kabinenbahn. 9 km lange Rodelbahn

ADAC *Spartipp*

(RudiRun), Funpark für Freestyler, Speed Strecke, Schneeschuhwandern und mehr als 40 Pistenkilometer, herrliche Ausblicke auf die Dolomiten. ▨ Seilbahnstr. 17, St. Andrä (8 km südöstl. von Brixen), Tel. 0472/20 04 33, www.plose.org

7 **Klausen**
Chiusa

Über dem Tal thront Südtirols bedeutendste Klosterburg

 Information

▨ Tourismusverein Klausen, Marktplatz 1, 39043 Klausen, Tel. 0472 847 424, www.klausen.it

Das mittelalterliche Städtchen mit 5200 Einwohnern zwängt sich ins hier enge Tal des Eisack, der an dieser Stelle von den Sarntaler Alpen her den Tinnebach aufnimmt. Darüber thront auf hohem Felsen beherrschend Kloster Säben. Das bewunderten schon die durchreisenden Albrecht Dürer und Johann Wolfgang von Goethe. Klausen gilt als Künstlerkolonie, wenn auch nicht selten für Lebenskünstler. Dazu passt die sonnenreiche Ferienregion ringsum, die sich mit Kastanienhainen und Weingärten schon im Stadtgebiet ankündigt. Überhaupt wird Genuss in der an herbstlichen Buschenschänken reichen »Törggelehauptstadt« großgeschrieben: etwa entlang dem Keschtnweg oder im Herbst bei den Eisacktaler Kastanientagen, bei der Einkehr in einem der vielen historischen Ansitze und natürlich bei den Gassltörggelen-Festen in Klausen, Barbian, Feldthurns und Villanders.

 Sehenswert

Kloster Säben
| Kloster |

»Akropolis Südtirols« wird der vielfach verschachtelte Gebäudekomplex auf dem Berg Säben über Klausen auch genannt. Hier residierten die ersten Bischöfe Tirols, die barocke Liebfrauenkirche ist Ziel der ältesten Tiroler Marienwallfahrt. Die Fresken der Heiligkreuzkirche ganz oben auf dem Berg zeigen eine Art irdisches Paradies inklusive Papagei auf der Stange. Ein gut halbstündiger Weg führt vorbei an Burg Branzoll und durch Weinterrassen auf den »Heiligen Berg Tirols«.
■ Liebfrauenkirche Juli–Aug. Di–Mi und Fr–Sa 15–18, Sept. 14–17, Okt. Fr–Sa 14–17 Uhr, Heiligkreuzkirche tgl. morgens bis abends

 Restaurants

€€ | **Gassl Bräu** Deftig-kräftige Gerichte passen gut zum hausgebrauten Bier, auch wenn Sorten wie Kastanien- und Basilikumbier vielleicht nicht jedermanns Geschmack sind. ■ Gerbergasse 18, Tel. 0472/523623, www.gasslbraeu.it, Mi–Mo 9–24, Küche 11.30–15, 18–22 Uhr

€€ | **Turmwirt** Im früheren Geschichtsschreiberhaus Fresken (1907) von Hugo Atzwanger und Eisacktaler Wein-

suppe. ■ Gufidaun 50, Tel. 0472/844001, www.turmwirt-gudifaun.com, Anf. April–Okt. Fr–Di 10–14.30, 17.30–23 Uhr

 Wandern

Villanderer Alm Urlauber besuchen gern diese Alm in rund 2500 m Höhe über dem Weindorf Villanders, 5 km südwestlich von Klausen, mit ihren weiten Hochweiden. Wanderer und Schneeschuhgänger lieben Hüttentouren in dieser Landschaft mit weitem Bergblick bis zu den Dolomiten im Osten. ■ Zufahrt mit dem Auto bis zum Parkplatz am Saltnerstein (Gasser-Hütte), dort Ausgangspunkt vieler Wanderungen

8 Villnösstal
Dolomiti Val di Funes

Sanfter Tourismus bewahrt die Schönheit des Hochgebirgstals

 Information

■ Tourismusverein Villnöss, Peterweg 10, 39040 Villnöss-St. Peter, Tel. 0472/840180, www.villnoess.com

Ostwärts führt das Villnösstal 24 km geradewegs in die Dolomiten hinein. Markant ragen am Talende die Peitlerkofelgruppe und mit Furchetta, Sass Rigais und Mittagsscharte die Dreitausender der Geislerspitzen auf, zu ihren Füßen dunkelgrüner Bergwald, lichtgrüne Matten und malerische Dörfer wie St. Valentin, der Hauptort St. Peter und St. Magdalena. Insgesamt leben kaum mehr als 2600 Menschen im Villnösstal – und die in erster Linie vom Fremdenverkehr. Der Naturpark Puez-Geisler ist sogar Teil des Unesco-Weltnaturerbes Dolomiten.

Sehenswert

Naturparkhaus Puez–Geisler
| Ausstellung |

Zentrale Informationsstelle des Naturparks Puez-Geisler, der am Talende beginnt. Zur Dauerausstellung gehören die Abteilungen »Berge anfassen«, »Wunderkammer der Natur« und »Berge erobern«. Im Bergkino erzählt Reinhold Messner, der aus Villnöss stammt, von seinen Bergerfahrungen. Im restlichen Naturpark erklären sechs weitere, kleinere Häuser die Vielfalt des Schutzgebiets.

 Trebich 1, Villnöss-St. Magdalena, Tel. 04 72/84 25 23, naturparks.provinz. bz.it, Mai–Okt. und Ende Dez.–März Di–Sa 9.30–12.30, 14.30–18 Uhr, Juli–Aug. Di–So, Eintritt frei

Naturpark Puez–Geisler
| Naturpark |

⑤ *Schroffe Berge als Schutzraum für vielfältige Natur*

Etwa 10 700 ha rund um die Geislergruppe umfasst der Naturpark in den Gemeinden Villnöss, Abtei, Corvara im Grödnertal. Das Schutzgebiet ist geologisch außerordentlich vielfältig, Fauna und Flora entsprechend. Hier leben Gämse, Rehe und Murmeltiere, man sieht wilde Adler ebenso wie seltene Schmetterlinge. Es gibt Fichten im Putiawald, Lärchen nahe des Halsl und Zirben um den Peitlerkofel, auf Almen und Bergwiesen wachsen Pelzanemonen und Soldanellen, etwas höher auch Alpenastern, Edelweiß und Enzian.

St. Johann Nepomuk
[Kirche]

Malerisch liegt die Kapelle von 1744 auf grünem Hügel vor den Geislerspitzen.

Auf dem Altarblatt streckt der Kirchenpatron Johannes Nepomuk der thronenden Muttergottes scheinbar die Zunge heraus – tatsächlich deutet der Märtyrer und Brückenheilige damit seine Verschwiegenheit an.

 Schlüssel nebenan im Ansitz Ranuihof

P Parken

Großer, zeitweise kostenpflichtiger Parkplatz bei der Zanser Alm (1680 m), 6 km östlich oberhalb von St. Magdalena, deren familienfreundlicher Berggasthof Ausgangs- und Zielpunkt zahlreicher Wanderungen ist.

 Restaurants

€€ | **Dreimädelhaus** Die gute Regionalküche und die Top-Pizzen müssen mit dem unübertrefflichen Ausblick auf die Geislerspitzen konkurrieren.
 Collerstr. 10, Villnöss-St. Peter, Tel. 04 72/ 84 01 02, www.dreimaedelhaus.info, Do–Di 12–14, 18–21, Pizza 17–22.30 Uhr

 Kinder

Naturparkhaus Puez-Geisler Beim Programm »Der Natur auf der Spur« lernen Kinder zwischen 6 und 12 Jahren spielerisch so einiges über die Dolomiten ■ Daksys Kinderwerkstatt, Juli–Sept. Fr 15–17 Uhr, kostenfrei, Anmeldung erforderlich

Sport

Klettergarten Zanser Alm Dolomitklettern mit rund 50 Routen in den Schwierigkeitsgraden 3–8a. ■ am Fuß der Furchetta, Adolf-Munkel-Weg, über der Zanser Alm-Hütte, www.villnoess. com unter »Aktivitäten«

Übernachten

Entlang der alten Handelsrouten gibt es im Wipp- und Eisacktal schon seit jeher reichlich Auswahl an Unterkünften für alle Ansprüche und Geldbeutel. Große Hotelketten sucht man hier vergeblich. Es dominieren Gasthöfe, Pensionen und kleinere familiengeführte Hotels, oft garni. Dank reger Nachfrage wächst, insbesondere abseits der größeren Orte und in den Seitentälern, beständig das Angebot an Gästezimmern auf dem Bauernhof und Ferienwohnungen, auch sie meist im Wohnhaus der Gastgeber gelegen. Die Touristeninformationen vor Ort sind gern bei der Zimmersuche behilflich. Wer bezüglich des Ortes etwas flexibel ist, findet in aller Regel auch kurzfristig eine Unterkunft in der gewünschten Kategorie.

Gossensass 18

€€–€€€ | **Feuerstein** Mit Chalets dorfähnlich um einen Teich angelegtes Familienhotel im Pflerschtal am Fuß des Tribulaun. Yoga und Weinverkostung für die Erwachsenen, Spielescheune und betreutes Kinderprogramm für den Nachwuchs. ■ Pflersch 185, 39041 Brenner, Tel. 04 72/77 01 26, www.hotel-feuerstein.it

Sterzing 19

€€–€€€ | **Lilie** Ruhig schlafen in edel restauriertem historischem Haus, im Kern von 1461, mitten im Zentrum. ■ Neustadt 49, 39049 Sterzing, Tel. 04 72/76 00 63, www.hotellilie.it
€€–€€€ | **Steindl's Boutiquehotel** Licht, Luft, Holz – nachhaltig gebaut und bewirtschaftet, zentrumsnah neben Stadtpark und Busbahnhof. ■ Parkweg 2, 39049 Sterzing, Tel. 0472/76 53 58, www.hotelsteindl.it

Pfitschtal 21

€ | **Gasthof Alpenrose** Herzliche Gastlichkeit ohne großen äußerlichen Aufwand im schönen ruhigen Pfitschtal. Idealer Ausgangspunkt für Mountainbike- oder Motorrad-Touren über das Pfunderer, Schlüssel oder Pfitscher Joch. ■ Kematen 66, 39049 Pfitsch, Tel. 04 72/64 60 29, www.gasthof-alpenrose.it

Ridnauntal 21

€€ | **Bergblick** Größeres Hotel, ruhig im Tal gelegen, etwas abseits des eigentlichen Ortes. Geräumige Zimmer mit Balkon, der Wellnessbereich im Haus ist angenehm nach einem Sporttag im Freien. ■ Innerratschings 5a, 39040 Ratschings, Tel. 04 72/65 91 97, www.hotelbergblick.com

Natz-Schabs 24

€ | **Agriturismo Zini** Urlaub auf dem Obstbauernhof. Familienfreundliche, zweckmäßige und ordentliche Ferienapartments mit schönem Blick auf Kirchturm oder Obstgärten. ■ Raas 44 A, 39040 Natz-Schabs, Tel. 04 72/41 22 66, www.zinihof.it
€€ | **Hotel Waldheim** Vergleichsweise kleines familiengeführtes Hotel mit

Wellnessbereich, Restaurant und Bar im Haus. ■ Johann-Oberhofer-Str. 19, 39040 Natz-Schabs (zwischen Mühlbach und Natz), Tel. 04 72/41 22 37, www.hotelwaldheim.com

Neustift 26

€–€€ | Zum Alten Moar Denkmalgeschützter Viereckhof unweit des Stifts, toll restauriert und in Zimmern und Gaststube detailfreudig mit viel Holz ausgestattet. ■ Eisackstr. 15/1, 39040 Vahrn-Neustift, Tel. 04 72/05 56 16, www.zum-alten-moar.com

€€ | Brückenwirt Zeitgemäßes Hotel in historischer Mühle am Bach neben dem Klosterstift. Torggl im Garten, auch beliebtes Restaurant. ■ Stiftstr. 2, 39040 Neustift, Tel. 04 72/83 66 92, www.hotel-brueckenwirt.com

Brixen 28

€€ | Berghotel Schlemmer Bei Sporturlaubern beliebtes, familiengeführtes Hotel auf der Plose in 1900 m ü.M, gleich bei der Bergstation der Kabinenbahn. ■ Palmschoss 294/5, 39042

Afers bei Brixen, Tel. 04 72/52 13 06, www.berghotel-schlemmer.com

€€–€€€ | Goldener Adler Gediegene Gastlichkeit am Rand der Altstadt in historischem Gasthaus, stimmungsvoll an der Eisackpromenade und nahe den Sehenswürdigkeiten. ■ Adlerbrückengasse 9, 39042 Brixen, Tel. 04 72/20 06 21, www.goldener-adler.com

Villnösstal 32

€–€€ | Residence garni Töglhof Ferienwohnungen mit Frühstück am ruhigen oberen Ortsrand. Grandiose Aussicht, guter Ausgangspunkt für Wanderungen, etwa von der Zanser Alm auf dem Adolf-Munkel-Weg mit Blick auf die Geislerspitzen. ■ Coller Str. 1, 39040 Villnöss-St. Peter, Tel. 04 72/84 01 69, www.toeglhof.com

€€ | Teiserhof Familiengeführtes Wanderhotel mit großen Zimmern und prächtiger Aussicht. Kleiner Pool im Garten, Sauna und Dampfbad im Haus. Für Gäste freies Parken auf der Zanser Alm. ■ Teiser Str. 1, 39040 Villnöss-Teis, Tel. 04 72/84 45 71, www.teiserhof.com

ADAC *Das besondere Hotel*

Eine schmale, 6 km lange Stichstraße führt hinauf zu dem in einen Gasthof umgewandelten historischen **Ansitz Fonteklaus** an einem sonnigen Hang über Klausen. Oben warten zehn gepflegte ruhige Gästezimmer sowie ein vorzügliches Restaurant mit Caféterrasse. Grandiose Aussicht, romantischer Schwimmteich und Kapelle hinterm Haus gibt es obendrein. *€–€€ | Freins 4, 39043 Klausen, Tel. 04 72/ 65 56 54, www.fonteklaus.it*

Pustertal und Dolomiten – grünes Tal, bleiche Berge

Liebliche Täler und stille Höhen, historische Städte und Ritterromantik begleiten Reisende auf ihrem Weg ins Herz der Dolomiten

Sommerfrischler und Wintersportler lieben das Pustertal. Von Meransen am Taleingang über Mühlbach bis zu den markanten Dolomitengipfeln der Sextner Sonnenuhr finden sie erholsame Land- und einladende Ortschaften. Angesichts des breiten, sanfthügeligen Talgrundes etwa um den Hauptort Bruneck ist der Beiname »Grünes Tal« völlig berechtigt. Genussvoll kann es bei Wanderungen zu geologischen Besonderheiten, Wasserfällen, Burgen oder kleinen Regionalmuseen erkundet werden.

Ruhige Seitentäler wie Pfunderer, Antholzer oder Gsieser Tal führen weiter hinein in die wundervolle Bergnatur, die in ausgedehnten Naturparks um Rieserferner, Geisler, Sella und Fanes Alpe unter Schutz steht. Das ladinische Gadertal, das Pragser und das Sextental werden auch wegen ihrer abwechslungsreichen Skigebiete viel besucht, allen voran der Pustertaler

Kronplatz, die Hochabtei Alta Badia und die Plätzwiesen in den Drei Zinnen Dolomites.

In diesem Kapitel:

ADAC Top Tipps:

Messner Mountain Museum Corones

| Museum |

Teils in das Kronplatz-Plateau hinein baute Zaha Hadid ein modernes Museum, in dem Reinhold Messner den Alpinismus vorstellt. 45

Burg Taufers

| Burg |

Waffen und Rüstungen, aber auch Kapelle, Gerichtssaal und Bibliothek zeigen die Lebenswelt der alten Südtiroler Rittersleut'. 45

ADAC Empfehlungen:

9 Mühlbach
Rio di Pusteria

*Tor zum Südtiroler Ferienparadies und
ins versteckte Pflerschtal*

ℹ Information

■ Tourismusverein Gitschberg-Jochtal,
Katharina-Lanz-Str. 90, 39037 Mühlbach,
Tel. 04 72/88 60 48, www.gitschberg-
jochtal.com

Wo das Pustertal seinen Weg nach
Westen nimmt, wird es noch mal eng.
Hier befand sich einst die Zollstation
Mühlbacher Klause. Nach wie vor leb-
haft geht es im nahen Städtchen
Mühlbach zu, wo die bunten historischen Stadthäuser vom Wohlstand
mittelalterlicher Kaufleute zeugen.
Kleinere Orte, heute Mühlbacher Fraktionen, mussten auf die umliegenden
Berghöhen ausweichen. Das ist für die
beliebten Urlaubsziele Meransen und
Vals bzw. ihre Skigebiete Gitschberg
und Jochtal kein Schaden. Auch in der
schneelosen Jahreszeit zieht es viele
Wanderer in die hiesigen Berge, etwa
ins Altfasstal oder zum Almhütten-
und Milchfest auf die Fane Alm.

👁 Sehenswert

Burg Rodenegg
| Fresken |

Die kleine Bilderbuch-Wehrburg über
der Rienzschlucht besitzt die ältesten
Profanfresken im deutschen Sprachraum. Elf Wandgemälde aus dem 13. Jh.
erzählen in der Trinkstube die Aben-
teuer von Gralsritter Iwein. Das Porträt-
bild im Torgang der Burg zeigt ihren
einstigen Besitzer, den Ritterpoeten
Oswald von Wolkenstein (1377–1445).

■ Rodeneck (3 km südöstl. von Mühlbach), Tel. 04 72/45 40 56, Führungen
Mai–Mitte Okt. So–Fr 11.30 und 14.30,
Mitte Juli–Aug. auch 15.30, Kinderfüh-
rung Mo 15 Uhr (Anmeldung Tel. 04 72/
45 40 44), 5 €

Gefällt Ihnen das?

Dann sehen Sie sich auch die
modernen Reiterspiele an, die
während des dreitägigen **Oswald-
von-Wolkenstein-Ritts** (S. 60)
auf der Seiser Alm ausgetragen
werden, oder wandern Sie von
Gais zum Oswald-von-Wolkenstein-Schloss **Neuhaus** (S. 47)
im Tauferer Tal.

Verkehrsmittel

Bergbahnen Gitschberg-Jochtal 16
Lifte und Bahnen erschließen die Region. ■ www.skigebiet-gitschberg-jochtal.
com, Anf. Dez.–Mitte April tgl. ca. 8.30–
16.30; Sommer: Kabinenbahnen Gitschberg Ende Mai–Mitte Okt., Jochtal Mitte
Juni–Mitte Okt. tgl. jew. 8.30–11.45 und
13–16.45 Uhr, Bergfahrt 11 €, Berg- und
Talfahrt 15 €, erm. 10 € bzw. 13 €

Pusterbike Größtenteils asphaltiert
führt der Pustertaler Radweg entlang
der Rienz von Franzensfeste über
Bruneck, Toblach und Innichen bis Li-
enz. Radtransport mit Pustertal Bahn
oder Bike-Shuttle. ■ www.pustertal.org,
www.peer-shuttle.it

Restaurants

6 **€€** | **Nussbaumerhof** Südtiroler
Küche von ihrer besten Seite.
Der Weg herauf ins »lange Dorf« lohnt
sich für die tägliche Vitalküche ebenso
wie für das Galadiner am Samstag.

Zu den markanten Erdpyramiden von Terenten führt ein Rundwanderweg

Gern mit Spaziergang von oder nach Burg Rodenegg (Luftlinie 1,5 km, Fußweg). Nauders 89, Rodeneck, Tel. 04 72/45 41 57, www.nussbaumerhof.com

10 Kiens
Chienes

Mittendrin zwischen Sonnenstraße und Kronplatz

i Information

 Tourismusverein Kiens, Kiener Dorfweg 4b, 39030 Kiens, Tel. 04 74/56 52 45, www.kiens.info

Kiens ist der erste größere Ort im Unteren Pustertal mit direktem Zugang zum Ski- und Wandergebiet Kronplatz. Jegliche Infrastruktur ist vorhanden, doch an touristischen Sehenswürdigkeiten mangelt es. Vor allem, seit die weithin sichtbare Ehrenburg nicht mehr zu besichtigen ist.
Umso mehr lohnen sich Ausflüge in die Umgebung, etwa entlang des Pustertaler Sonnenwegs, der sich ab Vintl auf halber Höhe am Nordhang des Tals bis Bruneck dahinschlängelt. Mehrere »Sonnendörfer« gibt es hier zu entdecken, und im Sommer lädt der Issinger Weiher zu einem erfrischenden Bad ein.

👁 Sehenswert

Terenten
| Naturphänomen |
Weit auseinandergezogen liegt das Dorf an der Pustertaler Sonnenstraße. Der Mühlenweg führt in einer guten halben Stunde vom Parkplatz im Ortszentrum bergan (ca. 230 Hm) zu den Erdpyramiden von Terenten. Die kegelförmigen Erdformationen entstanden nach einem Hangrutsch in den 1830er-Jahren. Seitdem tragen Wind und Wetter beständig weichere Erd- und Gesteinsschichten ab, widerstandsfähigeres Material bleibt stehen, solange es ein »Hut« aus hartem Gestein schützt. Aussichtsplattform und Jausenstation direkt am Weg.

Einkaufen

Latschenölbrennerei Bergila Der Kräuter- und Heilpflanzengarten des Familienbetriebs wird biologisch und nach dem Mondkalender bewirtschaftet. Neben Latschenkieferöl (gegen Muskelkater!) sind auch Arnika, Johanniskraut, Rosmarin, Wacholder und andere Kräuterauszüge im Angebot. ■ Weiherplatz 8, Pfalzen-Issing, Tel. 04 74/56 53 73, www.bergila.com, Mo–Fr 8–12, 13–18, Sa 9–12 Uhr, Juli–Aug. tgl., Mai–Okt. kostenlose Führungen

Events

Terner Bauernkuchl Kulinarische Traditionswoche in vielen Gasthöfen der Region mit Graukassuppe, Tirschtlan u.Ä. ■ Terenten, zehn Tage im Okt., www.schmelzpfandl.com

11 Gadertal
Val Badia

Ladinisches Tal in den Dolomiten, bekannt für Skispaß und Schnitzkunst

Information

■ Tourismusverein St. Vigil in Enneberg, Catarina Lanz Str. 14, 39030 St. Vigil in Enneberg, Tel. 04 74/50 10 37, www.san vigilio.com
■ Tourismusverein St. Martin in Thurn, Tor 18, 39030 St. Martin in Thurn, Tel. 04 74/52 31 75, www.sanmartin.it
■ Tourismusverein Alta Badia, Col Alt 36, 39033 Corvara, Tel. 04 71/83 61 76, www.altabadia.org

Im Gadertal sind Orts- und Hinweisschilder dreisprachig beschriftet. Es gilt als »ladinisches Herz« der Dolomiten, hier haben sich Kultur, Lebensart und Sprache der ladinischen Urbevölkerung besonders lebendig erhalten. Bei St. Lorenzen am Übergang zum Pustertal mündet das Gebirgsflüsschen Gader in die Rienz. Nach Südosten führt das Gadertal mitten hinein in die großartige Bergwelt der Dolomiten, gabelt sich aber gleich nach den vier Anfahrtstunneln. Links führt es als Vigil-, später Rautal über St. Vigil, den Hauptort der Gemeinde Enneberg, in den Naturpark Fanes-Sennes-Prags. Der rechte Ast heißt um St. Martin noch Gadertal, im oberen Teil um den Bergort Corvara Abteital. Die umliegende Region Hochabtei oder Alta Badia gehört in ihren westlichen Teilen zum Naturpark Puez-Geisler. Über das Grödner Joch führt die Straße weiter ins ebenfalls ladinische Grödnertal.

Sehenswert

Naturparkhaus Fanes-Sennes-Prags
| Ausstellung |

Fossilien, Dioramen und Infotafeln erklären schon vor dem runden Holzbau die Entstehung der Dolomiten und ihres Almwesens. Untergebracht im Souterrain ist die vor- und frühgeschichtliche Abteilung, oben beherbergt ein Terrarium lebende Tiere. ■ Katharina-Lanz-Str. 96, St. Vigil, Tel. 04 74/50 61 20, Ende Dez.–Anf. April und Anf. Mai–Ende Okt. Di–Sa 9.30–12.30, 14.30–18 Uhr, Juli–Aug. tgl., Eintritt frei

Naturpark Fanes-Sennes-Prags
| Naturpark |

Zum Unesco-Weltnaturerbe Dolomiten gehört der 25 453 ha große Parco Naturale Fanes-Sennes-Prags bzw. ladinisch Parch Natural Fanes-Senes-

Braies. Er umfasst die bis zu 3146 m aufragenden, stark zerklüfteten karstigen Pragser Dolomiten samt der Plätzwiese und die etwas tiefer, aber immer noch über 2000 m gelegenen Magerwiesen- und Almhochebenen von Sennes und Fanes. Naturfreunde lieben den Park zu allen Jahreszeiten, das Sportangebot ist umfangreich und die Landschaft einfach überwältigend. Zwischen den hübschen Dörfern im Schutzgebiet sind in ausgedehnten Fichtenwäldern zum Beispiel Baummarder und Füchse zu Hause. Jenseits der Baumgrenze beleben Arnika, Enzian und Edelweiß das Bergwiesengrün.
■ naturparks.provinz.bz.it, Parkplätze in allen Dörfern des Parks

Museum Ladin Ciastel de Tor
| Museum |
In Schloss Thurn gibt das Ladinische Landesmuseum Einblicke in die Kultur der Ladiner in den Dolomiten. Themen sind u.a. Geologie, Archäologie, Geschichte, Sprache und Kunsthandwerk.
■ Torstr. 65, St. Martin in Thurn, Tel. 04 74/52 40 20, www.museumladin.it, Mitte Jan.–März Do–Sa 15–19, Ostersonntag 15–19, Mai–Okt. Di–Sa 10–17, So 14–18, Juli–Aug. Mo–Sa 10–18, So 14–18, Ende Dez.–Mitte Jan. tgl. 15–19 Uhr, 8 €, erm. 6,50 €

Alta Badia
| Skigebiet |
Alta Badia, die Hochabtei, ist neben dem Kronplatz das zweite große Skigebiet der Region. 54 Lifte und rund 130 Pistenkilometer ziehen im Winter zwischen Wengen und Corvara reichlich Besucher an. Auf der Gran-Risa-Piste wird jedes Jahr der Skiweltcup ausgetragen. Auch die Sellaronda (s. Sport), die Umrundung der Sellagruppe, lockt.

 ## Sport

Sellaronda Die 40 km lange Route um die Sellagruppe führt durch die Dolomitentäler Alta Badia, Gröden, Fassa und Arabba und überwindet dabei vier Bergpässe (Grödner Joch, Campolongo, Podoi- und Sellajoch). Obwohl auch Radfahrer und Läufer zu sehen sind, ist die Sellaronda eigentlich eine klassische Skitour. Als solche umfasst sie 26 Pistenkilometer plus Liftfahrten. ■ Einstiegsorte in Südtirol sind Wolkenstein und Corvara; farbige Markierungen zeigen die Richtung an: orange im Uhrzeigersinn, grün gegen den Uhrzeigersinn, www.sellaronda.info

Im Blickpunkt

Bëgnodüs – Willkommen auf Ladinisch

Die Ladiner sind die älteste rätoromanische Volksgruppe im Alpenraum. In Südtirol leben sie vor allem im Gader- und im Grödner Tal, auch das Fassatal im Trentino zählt zu den ladinischen Hochburgen. Hier wie dort haben sie sich in der relativen Abgeschiedenheit der Dolomiten ihre Sprache bis heute erhalten, die auf ein frühes Volkslatein zurückgeht. Nach Zeiten der kulturellen Unterdrückung nimmt die Zahl der ladinischsprachigen Südtiroler in den letzten Jahren sogar wieder zu, bis zu 30 000 sollen es schätzungsweise sein. In Oberitalien ist Ladinisch Amts- und Schulsprache, als einheitliche Schrift- und Standardsprache wurde in den 1990er-Jahren das Ladin Dolomitan entwickelt.

12 Bruneck (Brunico/Burnech)

Alte Kunst, neue Museen und ein Spitzen-Skigebiet

Mit rund 16 000 Einwohnern ist Bruneck der größte und bedeutendste Ort im Pustertal

ℹ Information

■ Tourismusverein Bruneck, Rathausplatz 7, 39031 Bruneck, Tel. 0474/55 57 22, www.bruneck.com
■ Tourismusverband Ferienregion Kronplatz, Michael-Pacher-Str. 11a, 39031 Bruneck, Tel. 0474/55 54 47, www.kronplatz.com
■ Parken: siehe S. 44

Wo die Taufer in die Rienz mündet, schmiegt sich die Altstadt des Pustertaler Hauptortes in eine Flussschleife, überragt vom zinnenbekrönten Schloss Bruneck. Der Brixener Fürstbischof und Stadtgründer Bruno von Kirchberg hatte es Mitte des 13. Jh. bauen lassen.

Die bescheiden-bürgerstolzen historischen Stadthäuser verraten frühen Wohlstand. Grund dafür war die »Strada d'Alemagna«, eine wichtige Handelsroute von Augsburg nach Venedig durch das Pustertal. Im 15. Jh. lebte und arbeitete in Bruneck der damals weltbekannte Holzschnitzer und Maler Michael Pacher. In der Neuzeit richtete Reinhold Messner in Stadt und Umland zwei seiner sechs Bergmuseen ein. Größte touristische Attraktion ist die schneereiche und bestens erschlossen Hochebene Kronplatz südlich der Stadt. Auch die Hochabtei im nahen Gadertal, die Rieserfernergruppe und der Naturpark Fanes-Sennes-Prags sind von Bruneck aus schnell erreicht.

Plan
S. 44

Sehenswert

1 **Schloss Bruneck**
| Museum |

Die einstige fürstbischöfliche Residenz bietet dem Messner Mountain Museum Ripa einen stilvollen Rahmen. Es ist den Bergvölkern und Bergkulturen der Welt gewidmet, Sherpas und Turkmenen ebenso wie Tirolern und Walsern. Die modern präsentierten Exponate kontrastieren reizvoll mit den historischen Gemächern.

 Schlossweg 2, Tel. 0474/410220, www.messner-mountain-museum.it, Mitte Mai–1. Nov. Mi–Mo 10–18, Dez.–April (außer 24. und 25. Dez.) 12–18 Uhr, 9 €, erm. 7,50 €

2 **Altstadt**
| Stadtbild |

Zwischen Burgberg und Rienz drängt sich die kleine Altstadt vom eingemauerten Ursulinentor neben der gotischen Ursulinenkirche bis zur neoromanischen Pfarrkirche Zu Unserer Lieben Frau. Weitere Tore wie Florian- oder Oberragentor entdeckt man bei einem Bummel durch die Gassen, ebenso die Kirche St. Katharina auf dem Rain, deren Doppelzwiebelturm ein Wahrzeichen von Bruneck ist.

3 **Stadtmuseum Bruneck**
| Museum |

Schnitzfiguren und Altarbilder von Michael Pacher sind Schwerpunkte des heimatkundlichen Museums in dem umgestalteten mittelalterlichen Pferdestall. Grafik ist ebenfalls sehr wichtig, die Grafikwerkstatt bietet vielfältige Kurse für alle Interessenten.

 Bruder-Willram-Str. 1, Tel. 0474/553292, www.stadtmuseum-bruneck.it, Di–Fr 15–18, Sa–So 10–12, Juli–Aug. Di–So 10–12, 15–18 Uhr, 3 €, erm. 2 €

4 **Südtiroler Landesmuseum für Volkskunde Dietenheim**
| Freilichtmuseum |

Um den barocken Ansitz Mair am Hof illustrieren inmitten von Gärten und Stallungen historische Wirtschaftsbauten Leben und Arbeiten im Südtirol früherer Tage. Ein Kornkasten ist hier u.a. zu sehen, eine Kegelbahn, ein Bienenhaus, eine Schmiede und ein Wipptaler Einhof.

 Herzog-Diet-Str. 24, Dietenheim (2 km nordöstl. von Bruneck), www.volkskunde

museum.it, Ostermontag–Okt. Di–Sa 10–17, So 14–18 Uhr, Aug. tgl., 7 €, erm. 5,30 €

Parken

300 kostenfreie Parkplätze am **Bahnhof.** ■ Plan S. 44 a3
Parkhaus Stadtzentrum 354 Plätze ■ Stegener Str. 24, 1,40 €/Std., 20–8 Uhr 0,80 €/Std., Plan S. 44 a2

Restaurants

€€ | **Blitzburg** Spezialitäten und Südtiroler Hausmannskost, vollends ein Gedicht sind die Desserts. ■ Europastr. 10, Tel. 0474/555723, www.blitzburg.it, Di–So 12–14, 19–21 Uhr, im Sommer tgl. Grillabende, Plan S. 44 a3
€€ | **Weißes Lamm** Regionale Küche in gemütlicher Gaststube. ■ Stuckstr. 5, Tel. 0474/411350, www.weisseslamm.it, tgl. 12–14, 19–23 Uhr, Plan S. 44 c2

Einkaufen

Moessmer Bekleidung und passende Accessoires aus und mit Loden im Fabrikverkauf des einstigen k.u.k.-Hoflieferanten. ■ Walther-von-der-Vogelweide-Str. 6, www.moessmer.it, Mo–Fr 8.45–12, 15–19, Sa 8.45–12 Uhr, Plan S. 44 östl. c3

Entspannung

Kneipp-Parcours Frei zugänglich und gänzlich kostenfrei ist die schöne baumumstandene Anlage am Fuß des Kronplatzes.»In freier Luft«, wie es der »Wasserdoktor« und Pfarrer Sebastian Kneipp für gute Gesundheit empfahl, kann man sich hier im Wald beim Wassertreten in Naturbecken mit klarem Bergwasser abhärten, bei einem Armbad erfrischen oder beim Barfußlaufen über Moos und Steine die Fußsohlen ganz natürlich massieren.

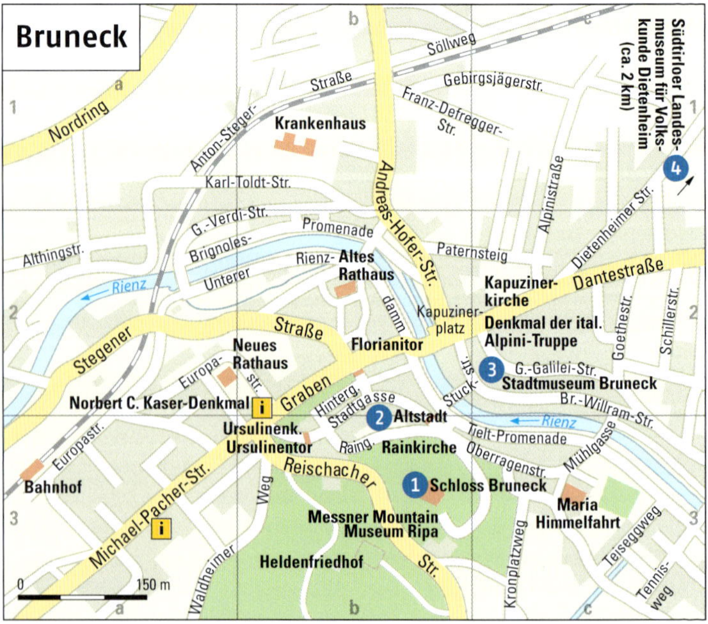

■ Reischach, 4 km südl. von Bruneck, nahe südl. Ortsrand (unweit Hotel Petrus, Reinthalstr.)

 In der Umgebung

Kronplatz

| Hochplateau |

Der 2275 m hohe Kronplatz südlich von Bruneck ist Hausberg und beliebtes Erholungsgebiet. Drachen- und Gleitschirmflieger finden auf dem Hochplateau ideale Bedingungen, es locken Wanderwege und ein einmaliges Museum (s.u.). Im Winter ist der Kronplatz mit 32 Liften und 119 km Pisten eines der größten Skigebiete der Dolomiten, gemeinsam mit Speikboden und Klausberg im Verbund Dolomiti Superski. Anfänger und Familien genießen leichtere Abfahrten, Könner die Pisten der »Black Five«. ■ www.kron platz.com, www.plancorones.it

Messner Mountain Museum Corones

| Museum |

 Kühner Bau im und auf dem Berg zur Geschichte des Alpinismus

Auf dem Kronplatz ist nur ein Teil des Messner Mountain Museums Corones zu sehen. Den größeren Rest des aufsehenerregenden Neubaus ließ die Architektin Zaha Hadid in den Berg einarbeiten, der Fremdkörper verschmilzt quasi mit der Natur – passend für eine Ausstellung zur Entwicklung des Bergsteigens, mit dem traditionellen Alpinismus möglichst ohne Hilfsmittel als Königsdiziplin.

■ Furciastr. 47, Kronplatz, www.messner-mountain-museum.it, Juni–Mitte Okt. und Ende Nov.–Mitte April tgl. 10–16 Uhr (passend zum Betrieb der Seilbahn Reischach), 8 €, erm. 7 €

13 Tauferer Tal und Ahrntal
Val di Tures e Aurina

Schönes Hochtal mit Almwiesen, Burgen und Gletscher

 Information

■ Ferienregion Tauferer Ahrntal, Ahrner Str. 95, 39030 Steinhaus, Tel. 04 74/65 20 81, www.tauferer. ahrntal.com

Das Tauferer Tal nördlich von Bruneck ist eine Südtiroler Wanderregion par excellence. Von grünen Matten und schroffen Felsen grüßen Burgen und Bergbauernhöfe. Gleich beim ersten Ort Gais führt der Kulturwanderweg hinauf zu Schloss Neuhaus aus dem 13. Jh. Bei Mühlen wird der Talgrund dann überraschend flach, ähnlich einer Terrasse. Bergfreunde folgen hier der schmalen Straße ins nach Westen abzweigende Mühlwalder Tal.

Die meisten aber fahren weiter nordwärts, wo ab Burg Taufers das Ahrntal beginnt. Hier spielen vollends die Berge die Hauptrolle: mit dem Speikboden als Skigebiet, dem Naturpark in der teils vergletscherten Rieserferner-gruppe und einem Bergwerksmuseum ganz oben in Prettau.

 Sehenswert

Burg Taufers

| Burg |

 Pittoreske Märchenburg als Museum fürs Mittelalter

So muss eine Burg aussehen: trutzige Mauern, Rundtürme, Bergfried auf grüner Hügelkuppe über einem Dorf. Und gut erhalten ist sie auch noch,

Vor großartiger Bergkulisse thront Burg Taufers auf einem Hügel

komplett mit Folterkammer, Waffen-
saal und Ritterzimmer, die Kapelle ausgemalt von Michael Pacher. Sogar ein
Geist soll in den kostbar ausgestatteten romanischen und gotischen Gemächern umgehen. Für Kinder werden
spezielle Programme angeboten.

■ Sand in Taufers, Tel. 04 74/67 80 53,
www.burgeninstitut.com, Schauräume
nur mit Führung: Mitte Juli–Aug. ab 10 Uhr
ca. stdl., sonst wechselnd, 8 €, erm. 5 €

Reinbachfälle
| Wasserfall |

In drei Stufen stürzt der Reinbach die
enge Tobelschlucht 50 m hinunter, vor
allem nach der Schneeschmelze ein
beeindruckender Anblick.

■ 8 km östl. von Sand in Taufers, nur zu
Fuß erreichbar über Franziskusweg ab
Weiler Winkel oder Klaraweg ab Gasthaus
Toblhof

Klimastollen Prettau
| Heil-Bergwerk |

 *Durchatmen im Heilstollen
tief im Innern des Bergs*

Nach 550 Jahren war 1971 Schluss mit
dem Kupferabbau am Rettenbach.
Der 1168 m lange St.-Ignaz-Erbstollen
erlebte 25 Jahre später eine Renais-
sance als Schaustollen des Südtiroler
Bergbaumuseums. Ebenso der Klimastollen, in dem Allergiker und
Asthmatiker 1100 m tief im Berg
durchatmen. Draußen führt der Knap-
penweg als Lehrpfad bergauf zu
bergbautechnischen Außenanlagen.

■ Hörmanngasse 38, Prettau, www.berg
baumuseum.it, www.ich-atme.com,
April–Okt. Di–So 9.30–16.30, letzte Führung 15 Uhr, Bergwerk 10 €, erm. 7 €,
Klimastollen (nur mit Anmeldung) April–
Nov. ab 9 Uhr 3–4 Stolleneinfahrten tgl.
à 1–2 Std.,18 €, erm. 15 €

Naturpark Rieserferner-Ahrn

| Naturpark |

Wasserreich ist dieser 31313 ha große Naturpark, der sich von Taufers und Antholz bis zu den Zillertaler Alpen im oberen Ahrntal erstreckt, auch wegen des Rieserferner Gletschers. Über dem Nadelmischwald, u.a. mit Lärche, Zirbe und Vogelbeere, blühen auf alpinem Weiderasen Bart-Glockenblume, Gold-Fingerkraut und Katzenpfötchen, auf Schotterfluren und vergletscherten Felsregionen gedeihen Gräser und Kräuter wie Alpen-Mannsschild und Roter Steinbrech. Die Tierwelt ist mit Steinadler, Murmeltier, Bergpieper und kleinerer Fauna vertreten, auf den Almen grasen im kurzen Sommer Rinder und Schafe. Naturerlebniswege wie um den Antholzer See erschließen die Schönheit der Region, ihre Geologie steht im Mittelpunkt des Naturparkhauses Rieserferner-Ahrn in Sand. ■ naturparks.provinz.bz.it; Naturparkhaus, Rathaus Sand in Taufers, Tel. 04 74/67 75 46, Mai–Okt. und 27. Dez.–März Di–Sa 9.30–12, 14.30–18 Uhr, Juli–Aug. tgl.

 Restaurants

€€ | Rosmarin Es gibt Gerstensuppe und Pressknödel ebenso wie Pizza und kross gebratene Riesengarnelen, heimisches Hirschragout oder irisches Weiderind. ■ Josef-Jungmann-Str. 1, Sand in Taufers, Tel. 04 74/67 90 66, www.rosmarin.it, Do–Di 12–14, 17.30–22 Uhr

 Wandern

Kulturweg Bequemer Rundweg ab Gais durch Wald am Hang hinauf zum Oswald-von-Wolkenstein-Schloss Neuhaus (mit Burgschenke). ■ ca. 2 km, www.kulturweg-gais.it

Speikboden Familienfreundliches Erholungsgebiet mit Angeboten für Wanderer, Biker, Paraglider und Wintersportler. ■ www.speikboden.it, Kabinenbahn ab Talstation Drittelsand 7, Sand in Taufers, Bergfahrt 13 €, Berg- und Talfahrt 17,50 €, erm. 12 € und 16 €

 Antholzertal
Val di Anterselva

Ruhiges Tal, unter Outdoor-Freunden bekannt für Loipen und Naturpark

i **Information**

■ Tourismusverein Antholzertal, Mittertal 81, 39030 Antholz, Tel. 04 74/49 21 16, www.antholz.bz

Naturschön und ruhig präsentiert sich das Antholzertal, obwohl es eigentlich viele Besucher anzieht, da es sowohl Anteil am Naturpark Rieserferner-Ahrn als auch am Kronplatz hat. Ein weiterer guter Grund, seinen Urlaub in dem mineralreichen Tal zu verbringen, sind die eisenhaltigen Radonquellen von Bad Salomonsbrunn. Das Tal an sich ist recht breit und flach, steigt aber an den Hängen steil an, zumal im hochalpinen Teil zum Staller Sattel hin. Für Langläufer und Biathleten sind die Bedingungen ideal, im Januar wird hier oft der Weltcup ausgetragen. Ebenfalls rekordverdächtig ist der Antholzer See. Wald- und gipfelumstanden liegt der 44 ha große und 38 m tiefe Panoramasee in 1642 m Höhe. Wanderer finden kostenlose Parkplätze am Südufer an der Obertaler Straße, die schmal und kurvenreich 4 km weiter nach Osten zum Staller Sattel mit Sommer-Grenzübergang nach Österreich führt.

15 Gsieser Tal
Val Casies

Das stille Wandertal lädt ein zu ruhigen Bergtouren und Almbesuchen

 Information

■ Tourismusverein Gsieser Tal, St. Martin 10a, 39030 Gsies, Tel. 04 74/ 97 84 36, www.gsieser-tal.com

Zahlreiche Einzelhöfe verteilen sich in dem stillen Tal, das auf gut 20 km von Taisten über Pichl und den Hauptort St. Martin bis St. Magdalena ansteigt. Das Talende in 2837 m Höhe wird noch überragt von den Gipfeln der Rieserfernergruppe im gleichnamigen Na-

Im Blickpunkt

Dolomiten – Zauberhaftes Welterbe

Seit dem 26. Juni 2009 ist es offiziell: Die in der Marmolada bis zu 3342 m hoch aufragenden Dolomiten sind einzigartig und machen sie zum Unesco-Weltnaturerbe. Gleich fünf Südtiroler Naturparks schützen diesen erhabenen Naturraum: Puez-Geisler, Schlern-Rosengarten, Rieserferner-Ahrn, Fanes-Sennes-Prags und Drei Zinnen. Ihren Beinamen »Bleiche Berge« verdanken die rund 250 Mio. Jahre alten schroffen Kalkriesen dem Geologen Déodat de Dolomieu (1750–1801). Dabei leuchten die Felszacken und -wände beim Alpenglühen, ladinisch »Enrosadira«, im Licht der auf- und vor allem untergehenden Sonne in den herrlichsten Rottönen.

turpark (S. 47). Spektakuläre Bergziele fehlen, aber ein dichtes Wegenetz und viele bewirtschaftete Almen wie die Kardorfer Alm, Stumpf- oder Uwaldalm laden ein zu genüsslichen Wanderungen. Besonders schön sind sie beim Gsieser Almhüttenfest im September. Im Winter bieten sich herrliche Skitouren an, im Tal verlaufen die Loipen, in St. Magdalena bringt ein Lift Alpinskifahrer hinauf und auf der Mudleralm über Taisten ist gut Rodeln.

16 Pragser Tal
Val Braies

Dolomitweiße Berge und dunkle Wildseewasser in bildschönem Kontrast

 Information

■ Tourismusverein Pragser Tal, Außerprags 78, 39030 Prags, Tel. 04 74/74 86 60, www.pragsertal.info

Fast das gesamte Pragser Tal liegt im Naturpark Fanes-Sennes-Prags (S. 40). Vom Pustertal aus führt es nach Süden weit in die Berge hinein und gabelt sich schon nach wenigen Kilometern. Links führt das Altpragser Tal hinauf zur Plätzwiese auf knapp 2000 m Höhe. Das Hochplateau, im Frühling und Herbst bedeckt von einem blühenden Blumenteppich, liegt panoramareich inmitten der Pragser Dolomiten.

 Sehenswert

Pragser Wildsee
| See |

Rechts geht es im Innerpragser Tal über die kleinen Ferienorte Bad Neuprags und St. Veit zum Pragser Wildsee, den viele Südtirol-Urlauber für den schönsten See der Dolomiten halten.

Malerisch spiegelt sich in den mal dunklen, mal grün schimmernden Wassern des waldumstandenen Sees der 2810 m hohe Seekofel. Im Herbst ist es hier besonders schön, wenn auch oft nicht ruhig.

 Verkehrsmittel

Shuttlebus zur Plätzwiese Abfahrt am Gasthof Brückele im Altpragser Tal, denn am dortigen Parkplatz ist für den Individualverkehr Schluss. ■ Hinfahrt ab 9.35 bis 16.35 Uhr ca. alle 30 Min., zurück ab 10.05 bis 17.05 Uhr im selben Takt, einfache Fahrt 4,50 €

17 Toblach
Dobbiaco

Urlaubsort im Hochpustertal zwischen Naturpark und Skigebiet

 Information

■ Tourismusverein Toblach, Dolomitenstr. 3, 39034 Toblach, Tel. 04 74/97 21 32, www.toblach.info

Im Winter punktet das lebendige Städtchen als Zentrum sonnenreicher Skigebiete, im Sommer als erholsames Bergidyll. Das schätzten schon Ende des 19. Jh. z.B. der deutsche Kronprinz Friedrich Wilhelm oder der Komponist Gustav Mahler. Von dieser Tradition zeugen stattliche Bauten wie die Herbstenburg neben der Pfarrkirche und das Grand Hotel in Neu-Toblach. Im Südosten hat Toblach Anteil am Naturpark Drei Zinnen in den Sextner Dolomiten (S.51). Er ist leicht zu erreichen über das nach Süden abzweigende, landschaftlich sehr schöne Höhlensteintal, das nach Westen hin den Naturpark Fanes-Sennes-Prags begrenzt. Einen wunderbaren Ausblick auf die Dolomiten und den Cristallo gewährt direkt an der Talstraße der Welterbe-Aussichtspunkt.

 Sehenswert

Grand Hotel
| **Museum** |
Das ehemalige Luxushotel beherbergt heute im Kulturzentrum das Naturparkhaus Drei Zinnen. Es informiert über Geologie und Leben im Schutzgebiet, über die Anfänge des Tourismus in der Region und über die schweren Kämpfe während des Ersten Weltkriegs in den Dolomiten. Im Juli und August finden hier außerdem die Gustav-Mahler-Musikwochen statt.
■ Dolomitenstr. 37, Toblach, Tel. 04 74/97 30 17, Ende Dez.–Anf. April und Anf. Mai–Ende Okt. Di–Sa 9.30–12.30, 14.30–18, Do bis 22 Uhr, Juli–Aug. tgl., Eintritt frei

Sennerei Drei Zinnen
| **Schaukäserei** |
In der Produktionshalle können Käsefreunde von der Besuchergalerie aus die Käseherstellung live mitverfolgen. Museum, Brotzeitstation, Reifekeller und Werkverkauf runden das Besuchsangebot ab.
■ Pustertalerstr. 3, Toblach, www.3zinnen.it, 04 74/97 13 17, Di–Sa 8–19, So 10–18 Uhr, Mitte Juli–Mitte Sept. tgl.

 Sport

Weg nach Cortina Radfahren oder Langlaufen von Toblach auf früherer Bahnstrecke durch das Höhlensteintal, teils entlang der Drau. Rückfahrt mit dem Bus möglich.

Dreizinnenhütte und Kapelle vor dem Paternkofel (links) und den Drei Zinnen (rechts)

18 Sextental
Val di Sesto

Kirche im Dorf, Sonnenuhr in der Natur – dem Himmel ganz nah

 Information

■ Tourismusverein Sexten, Dolomiten-str. 45, 39030 Sexten, Tel. 04 74/71 03 10, www.sexten.it

■ Tourismusverein Innichen, Pfleg-platz 1, 39038 Innichen, Tel. 04 74/91 31 49, www.innichen.it

Der alte Klosterort Innichen markiert im Hochpustertal den Eingang zum südöstlich abzweigenden Sextental. Markenzeichen der gesamten Region sind die unverwechselbaren Dolomitenspitzen der Drei Zinnen, die auch dem umliegenden Naturpark den Namen gaben. Seine atemberaubend schöne Natur zieht Jahr für Jahr unzählige Wanderer und Skifahrer an, der Ausbau der touristischen Infrastruktur hält mit dieser Entwicklung Schritt.

Ein Paradebeispiel für die malerische Hochgebirgslandschaft der »Bleichen Berge« ist das Fischleintal bei Moos. Von dort führen Lifte hinauf, etwa zu Gipfeln der Sextner Sonnenuhr. Lärchenhaine und Blumenwiesen machen das ebenso bezaubernde Innerfeldtal nahe dem Sextner Stausee zu einem weiteren beliebten Wanderziel.

 Sehenswert

Stiftskirche zu den Heiligen Candidus und Korbinian
| Kirche |

(8) *Romanische Baukunst in ihrer schönsten Form*

Das Benediktinerkloster, später Kollegiatsstift von Innichen, bestand vom 8.–19. Jh. Die schlichte Schönheit der einstigen Klosterkirche, der dritten an dieser Stelle, brachte dem romanischen Bau den Beinamen »Dom von Innichen« ein. Die 1284 geweihte dreischiffige Basilika auf kreuzförmigem Grundriss mit Vierungskuppel und drei Apsiden ist selbst mit den Anbauten von Glockenturm und Nothelferkapelle nicht sehr groß. Aber Architektur, Steinmetzarbeiten, Fresken, Krypta und eine überlebensgroße geschnitzte Kreuzigungsgruppe (ca. 1250) bieten ein eindrückliches Kirchenerlebnis.

 Attostr., Innichen, tgl. 8–18 Uhr

Sextner Sonnenuhr

| Bergpanorama |

Um Moos im Fischleintal gruppieren sich in beeindruckendem Bergpanorama ringsum die fünf Dolomitengipfel Neuner- (2582 m), Zehner- (auch Rotwand) (2965 m), Elfer- (3092 m), Zwölfer- (3094 m) und Einserkofel (2698 m). Zur jeweiligen Stunde steht die Sonne recht genau hinter bzw. über den jeweiligen Bergen, eine verlässliche, wenn auch nicht minutengenaue Natur-Uhr.

Naturpark Drei Zinnen

| Naturpark |

⑨ *Drei Gipfel als ein Wahrzeichen des Weltnaturerbes Dolomiten*

Der Naturpark fasziniert mit wildromantischen Landschaften und Dolomitengipfeln, vor allem den berühmten Drei Zinnen. Die 11 635 ha schönste Hochgebirgslandschaft ist Weltkulturerbe und dem Schutz wild lebender Tier- und Pflanzenarten verpflichtet, was aber die rege Nutzung durch Bergwanderer, Skifahrer, Kletterer und anderer Naturfreunde nicht ausschließt. Geführte Naturerlebniswanderungen der Tourismusvereine erschließen zum Beispiel im Juli im Innerfeldtal das »Blumenmeer Außer-

gsellwiesen«, die Rotwandwiesen über die Schellabalm oder umrunden die Drei Zinnen über der Auronzohütte.

 www.drei-zinnen.info, www.dreizinnen.com, www.hochpustertal.net, Naturwanderungen 7 €, Kinder bis 14 J. frei, Anmeldung im Naturparkhaus Toblach (S. 49)

ADAC *Mobil*

Mit dem **Drei Zinnen Shuttle** ab Sexten kommen Wanderer ganz bequem zur Auronzohütte (zurück nur mit Linienbus 444).

50 Plätze (Anmeldung), Tourismusverein Sexten, Tel. 04 74/71 03 10, www.drei-zinnen.info, Juni u. Sept. 8.30, Juli u. Aug. 8 u. 10 Uhr, 10 €, Kinder bis 13 J. frei

P **Parken**

Antioniusstein und Gwengwiesen
Große Wanderparkplätze im Innerfeldtal. Zufahrt Ende Juni–Ende Sept. 9–18 Uhr gesperrt, dann ab Taleingang Shuttlebus (ca. alle 30 Min.) hin und zurück 1,50 €.

 Restaurants

€€ | **Tschurtschenthalerhof** Südtiroler Bauernküche in Berggasthof beim Ski- und Wandergebiet Helm. Tolle Aussicht auf die Sextener Bergwelt. Mitterberg 16, Sexten, Tel. 04 74/71 00 87, www.hofschenke.it, Mo geschl.

 Wandern

Dreischusterhütte Ab Parkplatz Antoniusstein 3,5 km, 280 Hm, einfache Strecke ca. 1 Std. Auch für Familien mit Kindern gut zu bewältigen. www. drei-schuster-huette.com

Übernachten

Vom ausgedehnten Talgrund bis zu den Hochlagen am Fuße der Dolomitengipfel finden Gäste im »grünen Tal« und seinen Seitentälern jede Menge Über-
nachtungsmöglichkeiten. Allenthalben ist man bestens eingestellt auf Aktivurlauber, auf die Wanderer und Radfahrer ebenso wie auf jegliche Wintersportler.
Sie alle finden ihr ganz persönliches Lieblingsplätzchen in einem oder einer der
Hotels, Pensionen, Berggasthöfe oder Ferienwohnungen. Das ist selbst in der
Saison in aller Regel kein Problem. Die Frage ist vielmehr, ob es ein Gast eher
beschaulich liebt oder kurze Wege zu den viel frequentierten Erholungsregio-
nen bevorzugt.

Mühlbach 38

€–€€ | Weiße Lilie Gutbürgerliche,
fürsorgliche Gastfreundschaft mitten
im Ort. Bodenständige Zimmer, beliebtes Café vor dem Haus, Bar im
historischen Gewölbekeller. ■ Kirchplatz 2, 39037 Mühlbach, Tel. 0472/
849740, www.weisselilie.it

€€ | Oberegger Hof Urlaub auf dem
Bauernhof im schönen Valser Tal.
Zur Auswahl stehen ruhige Gäste-
zimmer und vier Ferienwohnungen.
Hofprodukte u.a. selbst eingelegte
Bergartischocken. ■ Unterlände 1,
39037 Mühlbach-Vals (8 km nordwestl.
von Mühlbach), Tel. 0472/54 1008,
www.obereggerhof.it

Gadertal 40

**€ | Agriturismo Bergbauernhof
Jung** Sieben Ferienwohnungen in
ländlicher Höhenlage auf dem Tra-
ditionshof von Familie Palfrader,
kurze Wege zu Naturpark Fanes-
Sennes-Prags und Kronplatz. ■ Furcia
Str. 5, 39030 Enneberg-Costamesana
(5 km nördl. von St. Vigil), Tel. 0474/
50 14 99, www.jung-hof.com

(10) €€ | Pütia In einem kleinen
Gebirgsdorf in Alta Badia, im
hinteren Gadertal mit Blick auf den
Peiterkofel, bietet das Pütia sommers
wie winters einen erholsamen Aufenthalt inkl. Halbpension in Hotel-
zimmern und Apartments, die mit
viel hellem Holz eingerichtet sind.
■ St.-Anton-Str. 21, , 39030 St. Martin in
Thurn-Antermöia, Tel. 0474/52 01 14,
www.putia.com

Bruneck 42

€€ | Blitzburg Zwischen Altstadt und
Bahnhof zentral gelegenes Stadthotel, Hingucker dank Türmchen und
weiß-rosa Fassade. Die Zimmer im
Haupthaus sind ansprechend renoviert. Standardmäßig mit Halbpension. ■ Europastr. 10, 39031 Bruneck, Tel. 0474/55 57 23, www.blitzburg.it

€€ | Pension Prack Am Kronplatz
gemütliche Zimmer und eine Ferienwohnung in familiengeführtem Haus
mit zuvorkommendem Service. Auf
Wunsch Halbpension, Chef Oswald
kocht gut und reichlich. ■ Rheintalstr.
3, 39031 Bruneck-Reischach, Tel. 0474/
54 8 110, www.hotel-prack.com

Tauferer Tal und Ahrntal 45

€ | Garni Zimmerhofer Zehn einladende Gästezimmer mit Frühstück im Haus der Familie Feichter. Freundlich, familiär, ordentlich, zentrumsnah und ruhig. ■ Dr.-Daimer-Str. 56, 39032 Sand in Taufers, Tel. 04 74/67 82 71, www.garni-zimmerhofer.it

€–€€ | Burgfrieden Solides Hotel zu Füßen von Burg Neuhaus. Schön auch Restaurant, Bar, Saunahütte im Garten. Ungewöhnlich: Sammlung von rund 700 Feuerwehrhelmen, für Hotelgäste kostenlos. ■ Schloß-Neuhaus-Str. 7, 39030 Gais, Tel. 04 74/50 41 17, www.hotel-burgfrieden.com

Antholzertal 47

€€ | Agriturismo Eggerhöfe Ferienwohnungen auf dem Hof der Leitgebs, schöne Alleinlage am Hang. Auf Wunsch mit Halb- oder Vollpension, Hofschänke und Hofladen ergänzen das Angebot. ■ Sunnseitnweg 10, 39030 Antholz Mittertal, Tel. 04 74/49 30 30, www.eggerhoefe.com

€€ | Ansitz Heufler Acht stilvolle Gästezimmer in beeindruckendem historischen Herrenhaus, ruhig, innerorts am Ausgang des Antholzertals gelegen. Ein weiteres Plus ist das Restaurant mit holzgetäfeltem Speiseraum. ■ Oberrasen 37, 39030 Antholz-Rasen, Tel. 04 74/49 62 18, www.ansitz-heufler.it

Pragser Tal 48

€€ | Hohe Gaisl Außen steingrau auf wetterexponierter Hochebene in 2000 m Höhe, innen modernes Hotel mit komfortablen Zimmern, Sauna, Fitnessraum, Hallenbad und gutem Restaurant. Wellnessangebote auch für Kinder, z. B. Snow Kids Beinmassage. ■ Plätzwiese 60, 39030 Prags, Tel. 04 74/74 86 06, www.hohegaisl.com

Toblach 49

€€ | Dolomiti Residence Ariston Apartmenthaus im Ortskern mit großzügigen Ferienwohnungen für bis zu sechs Personen. Durch die zentrale Lage mit Bushaltestelle vor und Supermarkt im Haus untertags sehr belebte Umgebung. ■ Gustav-Mahler-Str. 1, 39034 Toblach, Tel. 04 74/97 33 19 , www.ariston-dolomiti.it

Sextental 50

€ | Agriturismo Obersanterhof Zu Gast auf dem Hof von Familie Pfeifhofer in der Ortsmitte. Es gibt echtes Hofleben, allerlei Tiere, herzhaftes Frühstück, eine Gästeküche, Grill im Garten. Dazu ein großartiges Wander- und Skigebiet ringsum. ■ Heideckstr. 9, 39030 Sexten-Moos, Tel. 04 74/71 07 60, www.obersanterhof.it

€€ | Rainer Hotel Teil des größeren Family Resort Rainer, das auch diverse Ferienwohnungen bietet. So ist für jeden Geschmack und Geldbeutel etwas dabei. Die umfangreichen Unterhaltungs-, Sport- und Wellnessangebote stehen aber allen Gästen offen. ■ St. Josefstr. 40, 39030 Sexten-Moos, Tel. 04 74/71 03 66, www.familyresort-rainer.com

€€ | Villa Stefania Hotelzimmer, Restaurant, Erholung, Garten – alles zum Wohlfühlen, dazu Hausberg Haunold und Naturpark Drei Zinnen praktisch vor der Haustür. ■ An der Botenbrücke 1, 39038 Innichen, Tel. 04 74/91 35 88, www.villastefania.com

Bozener Land – willkommen im Süden

Am Zusammenfluss von Etsch und Eisack gehen Südtiroler Bodenständigkeit und mediterrane Leichtigkeit eine sympathische Verbindung ein

Das Bozener Land liegt genau in der Mitte – in der Mitte von Südtirol und in der Mitte zwischen dem nördlichen Alpenraum und dem südlichen Italien. Kaufleute, Bischöfe und weltliche Landesherren haben Bozen geprägt, das bis heute Landeshauptstadt und wirtschaftliches Zentrum Südtirols ist. Ein prächtiger Dom, einladende Laubengänge mit vielfältigen Geschäften, gute Restaurants, Kunst und Kultur kennzeichnen die malerische Altstadt. Nördlich von Bozen erstrecken sich charaktervolle Täler, in denen oft noch Ladinisch gesprochen wird, mit weiten Wander- und Skigebieten. Südlich öffnet sich das Etschtal zum sog. Unterland. Hier ist Obst- und Weinbau allgegenwärtig, traditionsreiche Dörfer wie das burggeschützte Eppan, das sonnenverwöhnte Kaltern oder Tramin an der Weinstraße schmiegen sich an die Hänge. Seinen geografischen Abschluss findet Südtirol schließlich an

der Salurner Klause, der Engstelle im Etschtal, die seit jeher als deutsch-italienische Sprachgrenze gilt.

In diesem Kapitel:

ADAC Top Tipps:

5 **Naturpark Schlern-Rosengarten**
| Natur |

In der bizarren Bergwelt erkennt man noch die Riffe des einstigen Urmeers, heute rufen Felsnadeln und Alpenglühen Bewunderung hervor. 59

6 **Bozener Weihnachtsmarkt**
| Markt |

Die ganze Altstadt im Lichterglanz, in den Gassen und unter den Lauben

freuen sich die Gäste dicht gedrängt bei Lebkuchen und Punsch an Italiens größtem Weihnachtsmarkt.

ADAC Empfehlungen:

Viehscheid, Seiser Alm
| Brauchtum |
Bunter Vieh-Almabtrieb und viele feiernde Zaungäste.

Südtiroler Archäologie-museum
| Museum |
Auf drei Stockwerken alles über Ötzi, den Mann aus dem Eis; seine Mumie ist der Publikumsmagnet.

Schloss Runkelstein
| Fresken |
Gemaltes höfisches Leben auf dem größten profanen Freskenzyklus des europäischen Mittelalters.

St. Jakob in Kastelaz
| Fresken |
Wilde Bestien im Kirchenchor – Sinnbilder für Sünden oder Seelen-qualen?

Egetmann-Umzug
| Brauchtum |
Die wilde »Hochzeitsgesellschaft« des Egetmann weist dem Winter mit viel Lärm die Tür.

19 Grödner Tal
Val Gardena/Gherdëina

Skifahren, Schnitzen, Sprache – beliebter Dreiklang in den Bergen

ℹ **Information**

◼ Tourismusverband Grödner Tal, Tel. 04 71/77 77 77, www.valgardena.it; Zweigstellen: Chemunstr. 9, 39047 St. Christina, Tel. 04 71/77 78 00; Reziastr. 1, 39046 St. Ulrich, Tel. 04 71/77 76 00; Mëisulesstr. 213, 39048 Wolkenstein, Tel. 04 71/77 79 00

Hinter der »Ladinischen Pforte«, einer Engstelle am Eingang des Grödner Tals, beginnt das Land der Ladiner – und strebt von hier ostwärts den Dreitausendern von Langkofel- und Sellagruppe zu. Mit seinen bestens erschlossenen Höhen und dem gut ausgebauten Freizeitangebot zählt das Tal zu den meistbesuchten Urlaubsgebieten Südtirols.

Dabei war diese Beliebtheit zunächst nicht absehbar. In dem ebenso schnee- wie waldreichen Alpental verlegten sich bereits im 16. Jh. viele Bergbauern aufs Schnitzen. Wanderhändler vertrieben damals Spielzeug, Kruzifixe, Krippenfiguren und andere sog. Grödner Ware von Gardener Schnitzerfamilien wie Vinatzer, Demetzer oder Moroder.

ADAC *Wussten Sie schon?*

Der Musikproduzent **Giorgio Moroder** (* 1940) ist ein Spross der gleichnamigen Grödner Schnitzerfamilie. Ein weiterer berühmter Sohn des Tales ist der in St. Ulrich geborene Bergsteiger **Luis Trenker** (1892–1990).

Letztlich machten das Schnitzen und die schneesicheren Winter das Tal berühmt. Heute finden Aktivurlauber zahlreiche Lifte und Pisten als Teil von Dolomiti Superski, gesicherte Klettersteige, ausgeschilderte Wanderwege sowie Tages- und Nachtunterhaltung. Städtisches und touristisches Zentrum im Tal ist der Luftkurort St. Ulrich (Ortisei/Urtijëi), fast schon zusammengewachsen mit St. Christina (Santa Cristina/Santa Crestina). Dritter größerer Ort an der Grödner Talstraße ist Wolkenstein (Selva Gardena/Sëlva), bevor am Talende Grödner Joch (2121 m) und Sellajoch (2242 m) nach Alta Badia und in die italienischen Dolomiten führen.

Sehenswert

Museum Gherdëina
| Museum |
Im ladinischen Kulturzentrum Cësa di Ladins informiert das Heimatmuseum über Holzschnitzkunst, Archäologie, Geologie, Fauna und Flora des Tals sowie in einer kleinen Ausstellung über Luis Trenker.

◼ Reziastr. 83, St. Ulrich, Tel. 04 71/79 75 54, www.museumgherdeina.it, Mitte Mai–Juni, Sept.–Okt. Mo–Fr 10–12.30, 14–18, Juli–Aug. Mo–Sa 10–18, Ende Dez.–6. Jan. tgl. 10–12, 14–18, 7. Jan.–März Di–Fr 10–12, 14–18 Uhr, 7 €, erm. 5,50 €

Burg Wolkenstein
| Ruine |
Malerisch unter einem Überhang der Steviola-Felswand gelegene Burgruine am Eingang zum Langental und wie dieses ein beliebtes Wanderziel.

◼ ab Wanderparkplatz nördl. von Wolkenstein jenseits des Langentalbachs

Die Holzschnitzkunst hat im Grödner Tal eine lange, traditionsreiche Geschichte

 Verkehrsmittel

Gardena Card Bietet an drei oder sechs aufeinanderfolgenden Tagen unbegrenzte Nutzung der zzt. 14 teilnehmenden Liftanlagen in Gröden. ■ www.gardenacard.com

Seil-, Gondel- und Großkabinenbahnen ab St. Ulrich nach Raschötz, Seceda, auf Grödner- und Sellajoch sowie auf die Seiser Alm ■ Talstationen Raschötzstr., Annatalstr. und Setilstr.

Sessellift ab St. Christina zur Monte Pana und **Gondellift** zum Col Raiser (2106 m). Oben Sessellift von der nahen Fermeda-Hütte zur Seceda (2518 m), von dort weitere Seilbahn (s.o.) wieder hinab nach St. Ulrich ■ Talstationen Strada Pana und Gherdëina Ronda

 Restaurants

€€–€€€ | **Anna Stuben** Haubengekrönte feine Regionalküche im Gourmet- und Spa-Hotel Gardena Grödnerhof. ■ Streda Vidalong 3, St. Ulrich, Tel. 04 71/ 79 63 15, www.gardena.it

€€–€€€ | **Mauriz Keller** In der Restaurant-Pizzeria sorgt ab 23 Uhr ein DJ für Stimmung. ■ Reziastr. 32, St. Ulrich, Tel. 04 71/79 73 01, www.maurizkeller.com

 Bar

Bar La Stua Après Ski in mehreren Stuben, Do und So Livemusik. ■ Frëinastr. 4, Wolkenstein, Tel. 04 71/79 50 72, www.la-stua.com

 Einkaufen

Musterschau des Grödner Kunsthandwerks Überall in Gröden wird geschnitzt, auch auf Bestellung. Vor Ort gefertigtes Handwerk garantiert das »hand carved«-Siegel. Hier erhält man einen Überblick über das vielfältige Angebot. ■ Kongresshaus St. Ulrich, Kirchplatz, St. Ulrich, www.art52.it, tgl. 9–22 Uhr

Kinder

Mar Dolomit Frei- und Hallenbad mit Meeresströmung, Wellen, Wasserrutsche und Saunalandschaft. ■ Promenade 2, St. Ulrich, Tel. 0471 797 131, www.mardolomit.com, Juni–April tgl. Kernzeiten 13–20 Uhr, ab 12 €

 Events

Musik FestiVal Gardena Reihe von Sommerkonzerten mit klassischer Musik, gefördert u.a. vom Ladinischen Kulturbeirat. ■ St. Ulrich, St. Christina, Wolkenstein, Mitte Juli–Aug., www.valgardenamusika.com

 Wandern

Bergführer Vereinigung Gröden Sichere Erkundung der grandiosen Bergwelt mit erfahrenen Begleitern. ■ Wolkenstein, Tel. 0471/79 41 33, www.gardenaguides.it

20 Seiser Alm
Alpe di Siusi/Mont Sëuc

Ausgedehnte Hochalm, bekannt für Wandern, Wintersport und Volksmusik

 Information

■ Tourismusverein Seiser Alm, Compatsch 50, 39040 Seiser Alm, Tel. 04 71/72 79 04, www.seiseralm.it

Das wiesengrüne große Hochplateau der Seiser Alm gehört zum Naturpark Schlern, dessen gleichnamige Dolomitspitze neben Langkofel und Plattkofel über das Wander- und Wintersportgebiet wacht. Naturfreunde

Vor Langkofel und Plattkofel erstreckt sich die Seiser Alm als größte Hochalm Europas

Im Blickpunkt

Rosengarten – Steinerne Gärten, dem Himmel ganz nah

In der Dämmerung tauchen die Strahlen der auf-, vor allem aber der untergehenden Sonne die grauen Dolomitenwände in ein wahres Farbenmeer aus Rot und Gold. Geradezu überirdisch schön ist dieses Alpenglühen, ladinisch »Enrosadira« genannt – und nach wenigen Minuten auch schon wieder vorbei. Besonders eindrucksvoll kann man es am Rosengarten-Bergmassiv erleben. Hier befand sich der Sage nach einst der wundervolle Rosengarten des Zwergenkönigs Laurin. Doch als im Krieg Dietmar von Bern den König des alten Volkes gefangen fortführte, soll Laurin seinen geliebten Garten verflucht haben. Künftig solle niemand mehr »bei Tag oder Nacht« dessen Schönheit sehen. Doch die Dämmerung vergaß er und seither kann man in dieser kurzen Zeitspanne einen Blick in Laurins untergegangenen üppig blühenden Zaubergarten werfen.

schwärmen besonders von dem Blütenteppich, der hier im Frühjahr die tieferen Lagen überzieht. Dörfliches Zentrum des 56 km² großen Almgebiets ist das stark touristisch geprägte Compatsch im Nordwesten, etwas ruhiger ist es weiter südlich in Saltria.
Ebenfalls viel besucht sind Kastelruth (Castelrotto,) Seis (Siusi) und Völs am Schlern (Fié allo Sciliar), die stattlichen Bergdörfer am Fuß der Seiser Alm. Zum herbstlichen »Spatzenfest« in der Heimatgemeinde der Volksmusikgruppe Kastelruther Spatzen etwa bevölkern deutlich mehr Gäste als Einheimische die malerischen Gassen im bauernstolzen Dorfzentrum um die barocke Pfarrkirche St. Peter und Paul.

 Sehenswert

Naturpark Schlern-Rosengarten
| Naturpark |

 *Grandiose Naturkulisse, Bühne für fantastische Farbenspiele*

Der südliche Teil der Seiser Alm hat Anteil am Naturpark Schlern-Rosengarten. »Markenberge« sind Santner

und Euringer sowie das zerklüftete Rosengartenmassiv. Zu dem bis auf rund 3000 m Höhe reichenden und 7291 ha großen Naturpark gehören auch die Bergwälder der Gemeinden Seis, Völs und Tiers sowie das Tschafon- und Tschamintal. Auerhühner sind hier zu Hause, Eulen, Fichtenkreuzschnabel und Alpenweidenmeise. Alpendohlen bevorzugen Schuttkare oder offene Mäder mit Moosen, Gräsern, Seggen und Binsen, oft bunt getupft von Krokus, Anemonen, Mehlprimeln und zahlreichen weiteren Bergblumen.

■ Naturparkhaus Schlern-Rosengarten, in der Steger Säge, Weißlahn 14, Tiers-Weißlahnbad, Tel. 04 71/64 21 96; Infostelle am Völser Weiher, naturparks. provinz.bz.it, Mitte Juni–Mitte Okt. Di–Sa 9.30–12.30, 14.30–18 Uhr

Schloss Prösels
| Schloss |
Restauriertes Renaissance-Burgschloss in malerischer Alleinlage auf grünem Hügel. In den Sälen, teils freskiert und mit historischen Waffen und Rüstun-

ADAC *Mobil*

Die **Zufahrt zur Seiser Alm** ist von 9 bis 17 Uhr für Privatautos (außer Hotelgäste) gesperrt. Shuttlebusse verkehren ab Kastelruth oder Umlaufbahn ab Seis. *www.seiseralmbahn.it*

gen ausgestattet, finden Konzerte und Ausstellungen statt.

■ südl. nahe Völs, www.schloss-proesels. seiseralm.it, Führungen Juli–Aug. So–Fr 10, 11, 15, 16 und 17, Juni–Sept. 11, 14, 15 und 16, Mai–Okt 11, 14 und 15 Uhr, 8 €

 Restaurants

€€ | **Turmwirt** In der getäfelten Stube oder im lauschigen Garten kommen Schlutzkrapfen, Knödel oder Marillenragú auf den Tisch. ■ Kofelweg 8, Kastelruth, Tel. 04 71/70 63 49, www.zumturm. com, Do–Di

€€ | **Vigiler Hof** Hotelrestaurant mit bodenständiger Küche, die angesichts der herrlichen Aussicht doppelt gut schmeckt. ■ St. Vigil 29 (zwischen Seis und Völs), Seis am Schlern, Tel. 04 71/ 70 64 50, www.vigilerhof.it

 Events

Oswald-von-Wolkenstein-Ritt Reiter in Tracht folgen den Spuren des adligen Dichterritters, es herrscht Volksfeststimmung bei Turnieren und Reitwettbewerben, vom Ringelstechen am Kofel in Kastelruth bis zum Hindernisgalopp am Völser Weiher. ■ www. ovwritt.com, Ende Mai/Anf. Juni

(11) **Viehscheid Seiser Alm** Nach rund drei Monaten auf der Alm ziehen im Herbst die Hirten mit den ihnen anvertrauten Weidetieren von

der Seiser Alm nach Compatsch und von dort nach Kastelruth. Nach guter Saison führen geschmückte sog. Kranzkühe den Zug an. Höhepunkt im Tal ist das eigentliche »Vieh-Scheiden«, wenn die mit Sprühfarben markierten Schafe, Ziegen, Kühe und Pferde nach Besitzern getrennt werden. Der gesellige Teil umfasst einen Bauernmarkt, Musik, Tanz und Festzelt. ■ Rosari-Samstag (Sa vor Erntedank), meist Anf. Okt., ab ca. 10 Uhr

 **Eggental**
Val d'Ega

Die Große Dolomitenstraße führt mitten hinein in die erhabenste Bergwelt

 Information

■ Tourismusverein Eggental, Dorf 9A, 39050 Deutschnofen, Tel. 04 71/61 95 40, www.eggental.com
■ Tourismusverein Welschnofen-Karersee, Dolomitenstr. 4, 39056 Welschnofen, Tel. 04 71/61 95 20, www.eggental. com

Eine der überwältigendsten Panoramastraßen der Alpen ist die 1860–1909 erbaute Große Dolomitenstraße. Sie führt durch den nördlichen Arm des Eggentals über das Talzentrum Welschnofen (Nova Levante), den Karersee und den Karerpass ins benachbarte Fassatal. Beidseits türmen sich die grauen, beim Alpenglühen rosarot gefärbten Dolomitzacken von Rosengarten und Latemar.

Das ladinische Eggental gabelt sich bei Birchabruck. Deutschnofen (Nova Potente) ist der größte Ort im südlich verlaufenden Hauptarm des Eggentals, ebenfalls mit Zugang zum Latemar. Die beiden Schwestergemeinden Welsch- und Deutschnofen sind als Urlaubsziele gleichermaßen beliebt.

 Sehenswert

Karersee
| Bergsee |
Malerisch spiegeln sich die bleichen Spitzen des Latemar in den grünen Wassern des anmutigen Bergsees, ebenso das gründerzeitliche Grandhotel, in dem bereits Kaiserin Sisi logierte. Der Zauber des wunderschönen Sees in 1540 m Höhe ist vor allem in den ruhigeren Morgen- und Abendstunden zu spüren. ■ 6 km östl. von Welschnofen, Parkplatz an der SS 241 am östl. Seeufer

Gebietsmuseum Deutschnofen
| Museum |
Heimatkunde in einem romanischen Wohnturm von Schloss Thurn aus dem 13. Jh. Ein Schwerpunkt der bunten Sammlung liegt auf regionaler Kirchenkunst. ■ Deutschnofen, Tel. 04 71/61 75 00, Juli–Aug. Mo–Fr 9–12, Mo auch 14–17, Okt.–Juni Mo 14–17, Do 9–12 Uhr, Eintritt frei

 Verkehrsmittel

Kabinen-, Gondelbahn und Sessellift
Zunächst von Welschnofen zur Frommeralm (1721 m), dort Talstation von Sessellift Laurin II Karersee/Paolinahütte sowie Gondelbahn zur Rosengarten-Hütte/Kölner Hütte (2339 m) und Wandermöglichkeiten (s. Wandern). ■ Talstation Welschnofen, Ortsteil Huenzensäge, Tel. 04 71/61 41 39, www.carezza.it, Einzelfahrt ab 9,50 €, Berg- und Talfahrt 13 €, Kombikarte für alle drei Bahnen 15 € bzw. 19 €

Schon Kaiserin Sisi ließ sich von der Schönheit des Karersees bezaubern

 Restaurants

€€ | Forellenhof Forellen aus eigener Fischerei, auch die Pizzas sind beliebt. ■ Eggenbach 13, Karneid, www.sportfischerei-woerndle.com, Sommer 12–14, 18–21 Uhr, Winter nur abends, Di geschl.

€€ | Hennenstall Heimische und internationale Spezialitäten vom Hausgrill. ■ Karerseestr. 134, Karersee (Südostende), Tel. 04 71/61 22 62, www.hennenstall.it

 Wandern

Rosengarten und Latemar Wanderungen für alle Ansprüche, z.B. über den Hirzlweg (Nr. 549) von den Seilbahnstationen der Paolinahütte oder Kölner Hütte. Die Runde um den Rosengarten bietet überwältigende Ausblicke, ca. 4 Std., 7,5 km, 700 Hm.

22 Bozen (Bolzano)

Quirlige Landeshauptstadt mit vielen Attraktionen

Cafés säumen den Waltherplatz im Zentrum der lebendigen Bozener Altstadt

ℹ Information

■ Verkehrsamt Bozen, Südtiroler Str. 60, 39100 Bozen, Tel. 04 71/30 70 00, www.bolzano-bozen.it
■ Parken: siehe S. 68

Für Einheimische, vor allem aber für seine Gäste hat Bozen einiges zu bieten: Die einen lieben Spaziergänge entlang der Talferpromenade, andere shoppen in den Lauben, dritte besuchen Südtirols Landeshauptstadt wegen ihrer Museen und Kunstschätze. Bozen ist mit gut 100 000 Einwohnern die größte Stadt der Provinz und wirt-schaftlich sehr erfolgreich. Malerisch überragt von den Bergen des Rosengartens, liegt Bozens bezaubernde Altstadt an der Mündung des Flüsschens Talfer in den Eisack, der etwas weiter südlich in die Etsch fließt.

Als Gründer Bozens gilt Bischof Ulrich II. von Trient, der im 11. Jh. am Ufer der Taufer einen Kornplatz anlegen ließ. 1277 eroberte Graf Meinhard II. von Tirol das Handelszentrum, seitdem gehört Bozen zu Tirol. 1796 schworen die Tiroler Stände in Bozen ihren »Bund mit dem göttlichen Herzen Jesu« zur Verteidigung ihres Landes gegen Franzosen und Bayern – was fehl-

Plan
S.64/65

👁 Sehenswert

❶ Waltherplatz
| Platz |

6 *Winterzauber beim lichterfrohen Christkindlmarkt*

Der verkehrsberuhigte belebte Platz verbindet den Dom im Süden mit den Cafés und Geschäften der beginnenden Laubengassen im Norden. Im Advent ist hier das Zentrum des Bozener Weihnachts- oder Christkindlmarktes, der die Altstadt in nach Gebäck und Glühwein duftenden Winterlichterzauber hüllt. Hier findet man in tannenzweiggeschmückten Holzhütten traditionellen Weihnachtsschmuck aus Holz, Glas oder Keramik, Schönes und Kitschiges sowie köstliches Weihnachtsgebäck wie die Lebkuchen-Spezialität »Bozner Zelten«.

▪ www.christkindlmarktbz.it

❷ Dom Maria Himmelfahrt
| Dom |

62 m hoch ragt der sandsteinrote Vierecksturm mit den filigranen Steinmetzarbeiten an seiner Spitze über dem buntgedeckten Kirchendach auf. Von der Ausstattung der Dompfarrkirche blieb nur wenig erhalten, darunter die gotische Sandsteinkanzel und die

schlug. Der neue Landesherr legte den Maximiliansplatz an, den heutigen Waltherplatz. Im faschistischen Italien des 20. Jh. machte schließlich Benito Mussolini 1919 Bozen zur Hauptstadt der neuen Provinz Bolzano und siedelte zahlreiche Italiener an. Nach wie vor haben rund drei Viertel der Bozener Italienisch als Muttersprache.

Das spielt aber im täglichen Leben kaum eine Rolle. Zumal nicht für die Besucher, die diesem Schmelztiegel der Kulturen und Nationen an der Nahtstelle zwischen Nord und Süd in immer größerer Zahl ihre Aufwartung machen.

ADAC *Mobil*

In Bozen gilt Mo–Fr 7–10 und 16–19 Uhr ein Fahrverbot für Fahrzeuge der Klassen Euro 0 , 1 und 2 Diesel. Infos zu den betreffenden Zonen unter: www.provinz.bz.it/guteluft

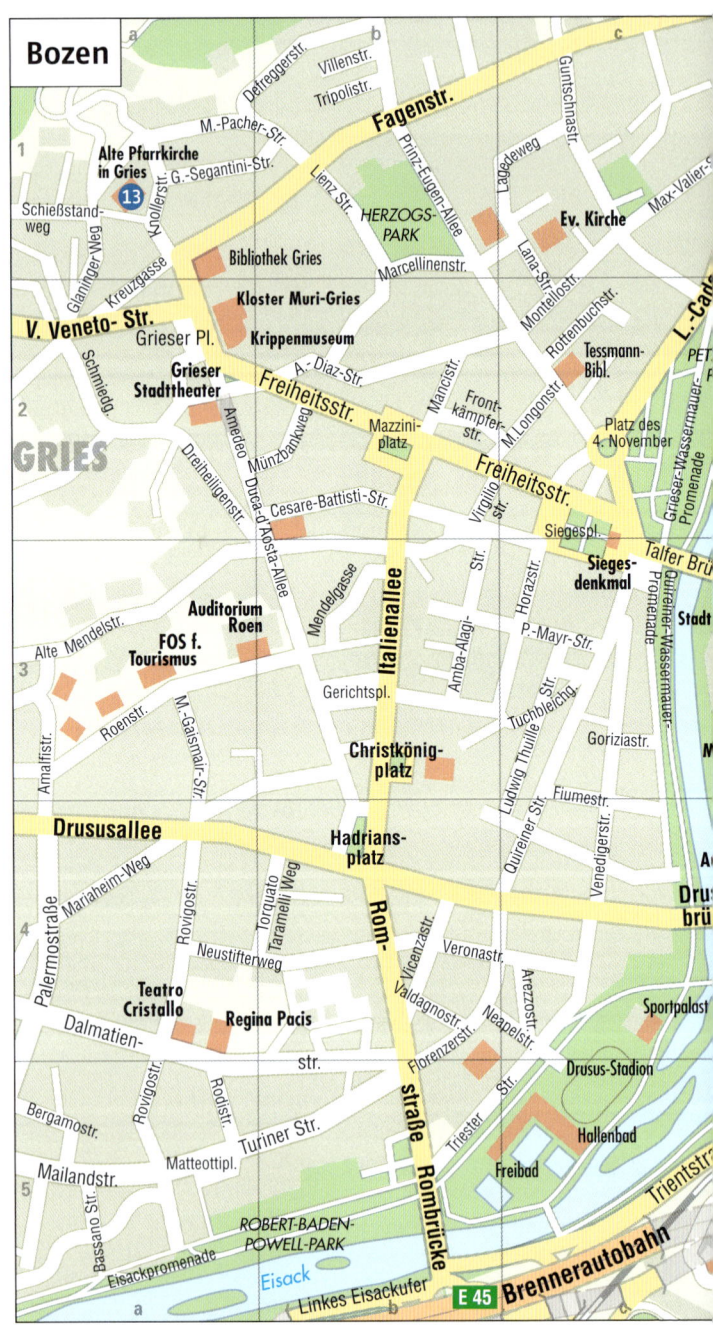

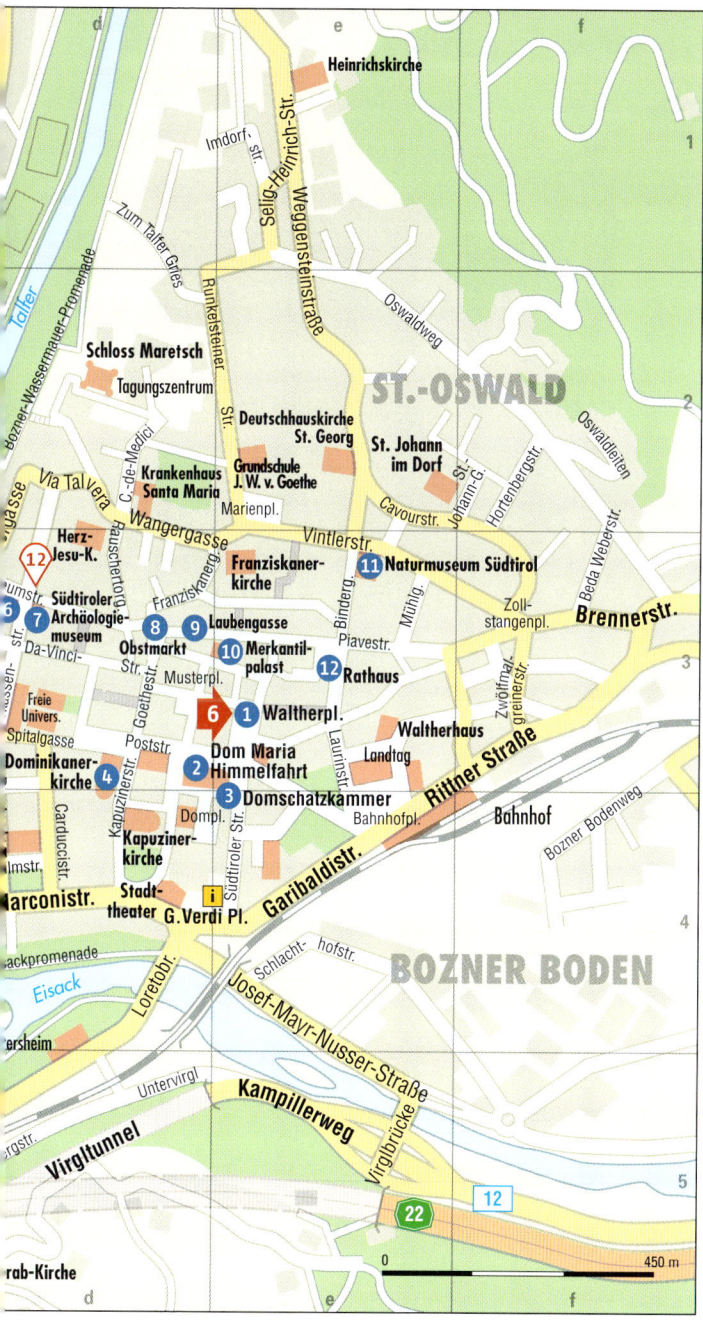

Das Museion am Ufer der Talfer zeigt moderne und zeitgenössische Kunst

um 1500 gemalte »Plappermadonna« an der Nordseite des Chors.

■ Pfarrplatz 27, Mo–Fr 7.30–18, So 8–20 Uhr

③ Domschatzkammer
| Museum |

Kirchenschätze wie liturgisches Gerät in Gold und Silber, kostbare Gewänder, Prozessionsfahnen und Reliquien sind nebenan in einem Museum sakraler Kunst in der angebauten Alten Propstei zu sehen.

■ Pfarrplatz 27, Tel. 04 71/97 86 76, Di–Sa 10–12.30 Uhr, 3 €, erm. 2 €

④ Dominikanerkirche
| Fresken |

Die Johanneskapelle der Klosterkirche ist vollständig ausgemalt. Die um 1340 im Stil der frühen Bozener Malerschule entstandenen Bilder sind sehr schön

erhalten und zeigen Szenen aus dem Leben Mariens sowie der Heiligen Johannes und Nikolaus. Die etwas jüngeren Fresken im anschließenden Kreuzgang stammen von Friedrich Pacher aus der Brixener Schule.

■ Dominikanerplatz, Mo–Sa 9.30–17.30, So 12–18 Uhr, Kreuzgang Mo–Fr 9.30–17.30, Sa 9.30–12.30 Uhr

⑤ Museion
| Museum |

Der auffällige Kubus mit der opaken Fassade am Ufer der Talfer beherbergt moderne und zeitgenössische Kunst des 19. und 20. Jh. aus Südtirol und dem Trentino, ergänzt oft durch spannende Wechselausstellungen auch internationaler Künstler.

■ Piero-Siena-Platz 1 (vorm. Danteplatz), www.museion.it, Di–So 10–18, Do bis 22 Uhr, 7 €, erm. 3,50 €

6 Stadtmuseum
| Museum |

Kunst vom Mittelalter bis zur Barockzeit, mit Schwerpunkt auf Ars Sacra, insbesondere Altäre und Heiligenfiguren. Weitere Themen sind Volksfrömmigkeit und Südtiroler Trachten.

◼ Sparkassenstr. 14, www.gemeinde. bozen.it, Di–So 10–18 Uhr, Eintritt frei

7 Südtiroler Archäologiemuseum
| Museum |

 *Ein eigenes Haus für die Gletschermumie Ötzi und ihre Zeit*

Dieses Museum wurde errichtet als hochmoderne Ruhestätte von Ötzi. Die rund 5300 Jahre alte Mumie war 1991 zufällig unterhalb des Hauslabjochs am Similaungletscher entdeckt worden. Die beiliegenden bronzezeitlichen Alltagsgegenstände wie Beil, Pfeile und Bogen, Heuschuhe, Fellmütze, Grasmantel und Birkenrindenbehälter sind, bestens wissenschaftlich aufbereitet, heute im Museum zu sehen. Auch auf die Überreste von Ötzi selbst in einer Kältekammer können Besucher einen kurzen Blick werfen.

◼ Museumstr. 43, www.iceman.it, Di–So 10–18, Juli, Aug. und Dez. tgl., Zugang zu Ötzi mit Zeitfenster, ggf. Wartezeiten, Tickets auch online, 9 €, erm. 7 €

ADAC *Wussten Sie schon?*

Ötzi, der »Mann aus dem Eis«, war zu Lebzeiten wohl 1,59 m groß, 46 Jahre alt und tätowiert. Er wog um die 50 kg, hatte abgenutzte Zähne, jedoch keine Karies. Aber er litt unter Gefäßverkalkung und Stress, hatte Erfrierungen am linken Fuß – und starb im Frühjahr an einem Pfeilschuss in den Rücken.

8 Obstmarkt
| Wochenmarkt |

Fröhlicher Trubel umfängt Besucher auf dem Bauernmarkt am westlichen Ende der Laubengasse. Das bunte Angebot ist eine wahre Augenweide. Äpfel und Kastanien aus Südtirol stehen neben Jackfrucht und Minibananen aus Übersee, Marktfrauen preisen ihre Ware an, Imbisse duften verlockend.

◼ Mo–Fr 7–19, Sa 7–13 Uhr

9 Laubengasse
| Stadtbild |

Die beidseits von historischen Bauten gesäumte Laubengasse ist Inbegriff der stimmungsvollen Bozener Altstadt. Typisch sind die Balkone und Erker an den Fassaden sowie die ebenerdig hinter Arkadengängen liegenden Ladengeschäfte. Hier darf und wird nach Herzenslust gebummelt und flaniert.

10 Merkantilpalast
| Architektur |

Typisches Bozener Laubenhaus: um einen Arkaden-Innenhof gebaut und Fassaden nach zwei Straßen hin. Gut zu sehen ist das bei einem Besuch der in dem Barockbau untergebrachten stadt- und wirtschaftsgeschichtlichen Ausstellung der Handelskammer.

◼ Silbergasse 6 / Lauben 39, Tel. 04 71/ 94 57 02, Mo–Sa 10–12.30 Uhr

11 Naturmuseum Südtirol
| Museum |

Das Museum im ehemaligen Amtshaus (1512) von Kaiser Maximilian I. erläutert den erd- und naturgeschichtlichen Werdegang Südtirols und seiner unterschiedlichen Landschaften.

◼ Bindergasse 1, Tel. 04 71/41 29 64, www.naturmuseum.it, Di–So 10–18 Uhr, 5 €, erm. 3,70 €

Bozens malerische Gassen laden zum entspannten Bummeln ein

12 Rathaus

| Fassade |

Am Rathausplatz fällt unter den Barock- und Rokokofassaden das 1904–07 erbaute neobarocke Rathaus mit einigen Jugendstilelementen auf.

13 Alte Pfarrkirche in Gries

| Altar |

Die Erasmuskapelle ziert ein großartiger Schnitzaltar von Michael Pacher. Er setzte hier die Krönung Mariens kunstvoll in Szene, im Schrein und den Flügelreliefs begleitet von Gottvater und -sohn, Engeln, den Heiligen Drei Königen und anderen Heiligen.

■ Martin-Knoller-Str., Vorort Gries-Quirein, April–Okt. Mo–Fr 10.30–12, 14.30–16 Uhr, Juli–Aug. nur vormittags

 Verkehrsmittel

Bahnhof Knoten- und Haltepunkt aller Fern- und Regionalzüge. ■ südl. der Altstadt, www.mobilitaaltoadige.info, Plan S.64/65 e4

Busbahnhof Drehscheibe des gut ausgebauten innerstädtischen Busnetzes sowie zahlreicher Linien innerhalb Südtirols. ■ www.sasabz.it, Tel. 84000 0471, Plan S.64/65 e4

 Parken

Parkhaus Walther P3 Sehr zentral gelegen. ■ Waltherplatz, 7–20 Uhr 2,50 €/Std., 20–7 Uhr 0,90 €/Std., Tagesticket 19 €, Plan S.64/65 e3

 Restaurants

€–€€ | Weißes Rößl In dem Traditionsgasthof sind Knödel und regionaltypisch Kräftiges beliebt. ■ Bindergasse 6, Tel. 0471/973267, www.weissesroessl.org, Mo–Fr 10–24, Sa 10–15 Uhr, Plan S.64/65 e3

€€ | Vögele In den holzgetäfelten Gasträumen isst man verfeinert-klassisch. ■ Goethestr. 3, Tel. 0471/973938, www.voegele.it, Mo–Sa 11–16, 18–23 Uhr, Plan S.64/65 d3

 Cafés

Hofer Zuckerbäckerei seit 1845, inspiriert von k.u.k.-Vorbildern. ■ Museumstr. 4 (nahe Obstmarkt), www.konditoreihofer.com, Mo–Fr 7.30–19.30, Sa 8–18 Uhr, Plan S.64/65 d3

Einkaufen

Südtiroler Werkstätten Südtiroler Handwerksprodukte, von Federkiel-

stickereien bis zu Holzgeschnitztem.
◼ Lauben 39 (Merkantilpalast), www.
werkstaetten.it, Plan S. 64/65 d/e3

 Events

Rittner Sommerspiele Konzerte, Theater und andere Kulturveranstaltungen, meist unter freiem Himmel ◼ mehrere Spielorte, u. a. Kommendehof in Lengmoos oder Schloss Prösels, www.rittner sommerspiele.com, alle ungeraden Jahre

 Wandern

Ritten (Renon) Wandern auf dem Hochplateau über Bozen, überragt vom »Hausberg« Rittner Horn. Eine schöne Route ist der Rittner Themenweg ab Oberbozen oder Klobenstein, der in knapp 2 Std. u. a. an den Erdpyramiden von Pemmern (hier auch Parkplatz) vorbeiführt. ◼ www.ritten.com

 In der Umgebung

Schloss Runkelstein
| Fresken |

 Bunte Fresken in Wohnburg und Sommerhaus der alten Feste

Selbstbewusst thront die im 13. und 14. Jh. erbaute Wehrburg auf steilem Fels über dem Flüsschen Talfer und der Sarner Schlucht. Sie ist berühmt für ihre zauberhaften Fresken aus dem 14. Jh. Zu sehen sind zart verschleierte Damen und schmucke Jünglinge, die heitere Gesellschaft tanzt, flirtet, spielt Ball und ist charmant. Die häufig abgebildete anmutige Dame in Rot mit dem blonden Zopf soll Margarete Maultasch zeigen, die letzte Gräfin von Tirol. ◼ St. Anton 15, Tel. 04 71/32 98 08, www. runkelstein.info, Di–So 10–18 Uhr, Führung 15 Uhr, 8 €, erm. 5,50 €

ADAC *Spartipp*

Während der Öffnungszeiten des Schlosses verkehrt ein **kostenloser Shuttlebus** vom Waltherplatz (neben dem Taxistand) nach Runkelstein.

Schloss Sigmundskron
| Museum |

Der Beziehung von Mensch und Berg widmete Reinhold Messner sein Messner Mountain Museum Firmian auf Schloss Sigmundskron. Dafür bietet die zurückhaltend modern restaurierte, mächtige Ruine der einst größten Festung Tirols die perfekte Kulisse. Passend ist auch der Kontrast zwischen Dolomiten und Texelgruppe zu der zersiedelten Bozener Ebene. ◼ Sigmundskroner Str. 53, Tel. 04 71/ 83 12 64, www.messner-mountain-museum.it, Mitte März–Mitte Nov. Fr–Mi 10–18 Uhr, 10 €, erm. 8 €

23 Sarntal
Val Sarentino

Ruhiges Tal, bekannt für Traditionspflege und Kunsthandwerk

 Information

◼ Ferienregion Sarntal, Kirchplatz 9, 39058 Sarnthein, Tel. 04 71/62 30 91, www.sarntal.com

Eine landschaftlich sehr schöne, doch kurvenreiche Alternativroute führt im Sommer auf der SS 508 von Sterzing nach Bozen über das 2214 m hohe Penser Joch und weiter südwärts durch das Sarntal. Dieses besitzt einige kunsthistorisch interessante Kirchlein und wie aus der Zeit gefallene

Gelebtes Südtiroler Brauchtum können Besucher beim Sarner Kirchtag kennenlernen

Weiler, Erholung suchende Genießer, Naturfreunde und Wanderer schätzen die unaufgeregte Stimmung. Angenehme Wanderungen führen ins Durnholzer Tal, das beim 2000-Seelen-Hauptort Sarnthein abzweigt. Hier versteckt sich über dem gleichnamigen Dorf (1492 m) auch das überschaubare Ski- und Wandergebiet Reinswald. Die knapp 7000 Sarntaler pflegen selbstbewusst das Brauchtum und die Traditionen ihrer Heimat. So ist das Sarntal bekannt für seine Feste wie etwa den Sarner Kirchtag und althergebrachtes Handwerk wie die aufwendige Federkielstickerei.

 Restaurants

€€ | Pichlberg Bergrestaurant mit mediterran beeinflusster Südtiroler Küche auf 2130 m Höhe. ■ Bergstation Reinswald, www. pichlberg.it

Einkaufen

Sarner Federkielstickerei Hosenträger, Gürtel, Ranzen u.v.m. mit kunstfertiger Federkiel-Verzierung. ■ Europastr. 77, Sarnthein, Tel. 04 71/62 23 63, www. federkielstickerei.eu

ADAC *Mittendrin*

Beim **Sarner Kirchtag**, einem großen Volks- und Kirchenfest in Sarnthein jedes Jahr am 1. Septemberwochenende, wird Südtiroler Tradtion hautnah erlebbar. Zum Programm des dreitägigen Fests gehören viel Musik, Volkstänze, eine Prozession, ein großer Festumzug sowie Speis und Trank. Männer tragen zu diesem Anlass oft Sarntaler Tracht, also federkielverzierten Leibgurt (Fatsch) und Hosenträger (Krax).

In der Umgebung

Reinswald

| Ski- und Wandergebiet |

Um Pichlberg und Morgenrast Sessel- und Schlepplifte, Teil der Ortler Skiarena. Ab Bergstation der Sesselbahn 5 km lange Naturrodelbahn. Loipe, Natureisbahn und Schneeschuhwandern im Durnholzer Tal.

■ Talstation Reinswald 129, Tel. 04 71/ 62 51 32, www.sarntal.com, 1 Fahrt 8,20 €, erm. 7,40, 2 Fahrten 14,50 € bzw. 13 €

24 Eppan an der Weinstraße
Appiano sulla Strada del Vino

Sinnesfreuden dank Wein und mittelalterlicher Fresken

i **Information**

■ Tourismusverein Eppan an der Weinstraße, Rathausplatz 1, 39057 Eppan, Tel. 04 71/66 22 06, www.eppan.com
■ Verein Südtiroler Weinstraße, Pillhofstr. 1, 39057 Frangart-Eppan, Tel. 04 71/ 86 06 59, www.suedtiroler-weinstrasse.it
■ Tourismusverein Südtirols Süden, Pillhofstr. 1, 39057 Frangart-Eppan, Tel. 04 71/ 63 34 88, www.suedtirols-sueden.info

Südlich von Bozen weitet sich das Tal der Etsch, Obst- und Weinplantagen reichen weit die steilen Hänge hinauf. Erste Station an der hier beginnenden Südtiroler Weinstraße ist Eppan, ein beliebtes Urlaubsziel mit mehreren Dörfern und historischen Ansitzen. Verwaltungssitz ist St. Michael, wie der Nachbarort St. Pauls ein schmuckes Weindorf am Hang. Beide besitzen große Kirchen und stattliche Höfe an

porphyrgepflasterten Altstadtgassen. Steige und Pfade wie etwa der Eppaner Höhenwanderweg durchziehen die Wein- und Obstgärten der Umgebung. Ihren Teil zu dieser malerischen Kulturlandschaft trägt Burg Hocheppan bei. Sie ist die bekannteste einer ganzen Reihe von Burgen und Schlössern, die von den Höhen entlang der Weinstraße grüßen. Nicht umsonst wird die Region Überetsch auch scherzhaft »Adelsparadies« genannt.

 Sehenswert

Burg Hocheppan

| Fresken |

Neben Schloss Korb und Burg Boymont drittes Mitglied im Burgendreieck auf der Hochterrasse von Perdoning. Die ausgedehnte Burganlage ist z. T. recht baufällig, bestens erhalten ist jedoch die auch außen farbenprächtig freskierte Burgkapelle. Die romanischen Bilderzyklen im Inneren mit byzantinischem Einfluss kulminieren in einer thronenden Muttergottes mit dem segnenden Jesuskind auf dem Arm. Ganz unorthodox witzig sind Details wie etwa die Bäuerin, die im Stall von Bethlehem einen Knödel isst.

■ Hocheppanerweg 16 (über Missian), Tel. 04 71/66 22 06, April–Anf. Nov. Do–Di 10–18, Fresken-Führungen 11–16 Uhr

Schloss Moos-Schulthaus

| Heimatmuseum |

Der historische Ansitz beherbergt das volkskundliche Museum für Wohnkultur aus dem Mittelalter, interessant kontrastiert von einer Galerie mit Werken Tiroler Künstler des 20. Jh.

■ nahe Schloss Englar, Eppan-St. Michael, Tel. 04 71/66 01 39, Ostern–Okt. Di–Sa Führungen 10, 11, 16 und 17 Uhr

Eislöcher
| Naturphänomen |
Am Fuß des 935 m hohen Gandbergs tritt an einigen Stellen aus Gebirgsspalten und -röhren kühlschrankkalte Luft aus, sodass sich stellenweise sogar im Hochsommer Eis bildet. Das Naturphänomen fördert in engem Umkreis eine einzigartige alpine Pflanzenwelt.
■ Wanderweg Nr. 15 ab Englar bzw. Schloss Moos-Schulthaus

 Restaurants

€€–€€€ | Stroblhof Feine Regionalküche in hübscher Umgebung am Weinhang. ■ Pigenoer Weg 25, Eppan-St. Michael, Tel. 04 71/66 22 50, www.stroblhof.it, Ende März–Anf. Nov. Di–So

 Kinder

Lido Montiggl Naturbad am Großen Montiggler See mit Wasserrutsche und Tretbootverleih, auch beheiztes Becken. ■ Montigglerstr. 55, Montiggl, www.eppan.com, Mitte Mai–Mitte Sept. tgl. 9–18.30 Uhr, 7 €, erm. 3,50 €

25 Kaltern an der Weinstraße
Caldaro sulla Strada del Vino

Seebäder und aussichtsreiche Höhen rahmen berühmte Weinberge

 Information

■ Tourismusverein Kaltern am See, Marktplatz 8, 39052 Kaltern, Tel. 04 71/96 31 69, www.kaltern.com

Um Kaltern-Dorf gruppieren sich weitläufig Fraktionen der wohlhabenden Weinbauern-Gemeinde (7000 Einw.) wie St. Anton, Mitterdorf oder St. Josef am See. Überall finden sich propere Höfe, stolze Kirchen – und natürlich ausgedehnte Weingärten.

Bekannt ist der hiesige Rotwein Kalterer See. Er heißt nach dem mit 1,4 km² Wasserfläche größten natürlichen See Südtirols. Während sich am Westufer im Sommer die Schwimmer und Surfer vergnügen, steht der breite Schilfgürtel am flachen Südende des Sees als Wasservogel-Brutgebiet unter Naturschutz. Rund um den Kalterer See ist ein 7,5 km langer Naturkundepfad ausgeschildert.

 Sehenswert

Südtiroler Weinmuseum
| Museum |
Hübsche historische Anwesen, Höfe und Handwerkshäuser säumen den Marktplatz und die Marktgasse von Kaltern-Dorf, hoch ragt der frei stehende Turm der klassizistischen Pfarrkirche über dem Ensemble auf. Keine Frage, der Wein hat Kaltern reich gemacht. Einen umfassenden Überblick über diese Geschichte gibt das hiesige Weinmuseum, in dem u.a. die älteste Torggel (Weinpresse) Südtirols zu sehen ist.
■ Goldgasse 1, Tel. 04 71/96 31 68, www.weinmuseum.it, April–Mitte Nov. Di–Sa 10–17, So 10–12 Uhr, 5 €, erm. 3,70 €

 Verkehrsmittel

Mendelbahn Standseilbahn von Kaltern-St. Anton auf den Mendelpass (1363 m); die verglasten Panoramawagen überwinden auf ihrem 2,4 km langen Weg nach oben Steigungen

Rund um den Kalterer See steigen ausgedehnte Weinhänge sanft in die Höhe

von bis zu 64 %. ■ Talstation St. Anton 58, oberhalb von Kaltern-Dorf, gut ausgeschildert, Einzelfahrt 6 €, Berg- und Talfahrt 10 €

Parken

Großparkplätze beim Lido am Kalterer See, ab ca. April–Okt. kostenpflichtig (1 € pro Std.).

Restaurants

€–€€ | **Seeperle** 60er-Jahre-Charme im Landgasthof am Abzweig zum See. ■ St. Josef am See 28, Tel. 0471/960158, www.seeperle.com, Di–So 12–14, 17.30–21 Uhr

€€–€€€ | **Weißes Rößl** Gehobene regionale Küche mit internationalen Anklängen, dazu feine Weine aus eigenem Anbau. ■ Marktplatz 11, Kaltern-Dorf, Tel. 0471/963137, www.weisses-roessl-kaltern.com, Ostern–Nov. Do–Di mittags und abends

Einkaufen

Weingut Manincor Ökologisch-nachhaltiger Weinbau, am Weinberg mit wunderbarer Aussicht auf den Kalterer See, Verkostung und Verkauf. ■ St. Josef am See 4, Tel. 0471/960230 www.manincor.com, Mo–Fr 9.30–12.30, 13.30–18, Sa 10–17 Uhr

Winecenter Moderne Enoteca am Ortsrand von Kaltern, direkt an der Südtiroler Weinstraße, in der mehr als 400 Winzer der Region sich und ihre

ADAC *Spartipp*

Freier **Seezugang** und unentgeltliche **Nutzung des Badestegs** im Lido Kaltern (S. 74) ist während der Saison tgl. 6.30–8.30 und 19–21.30 Uhr möglich. Zugang über das Tor neben dem Restaurant Lido. Ein durchgängig freier Seezugang findet sich nördlich des Tretbootstegs.

Produkte vorstellen. ■ Bahnhofstr. 7, Kaltern-Dorf, Tel. 04 71/96 60 67, www. winecenter.it, Mo–Sa 9–19, So 10–18 Uhr

 Sport

Zwei **Freibäder** mit Badestegen, Tretbootverleih und Restaurants am Westufer des Kalterer Sees:

Gretl am See ■ St. Josef am See 18, Tel. 04 71/96 02 73, www.gretlamsee.com, Mai–Sept. tgl. 8–18 Uhr, 5,50 €, erm. 3,50 €

Lido ■ St. Josef am See 16, Tel. 04 71/96 00 34, Mai–Okt. tgl. 9–18, Juni–Aug. bis 19 Uhr, 7 €, erm. 4 €

ADAC *Mobil*

In 17 Spitzkehren steigt die ganzjährig befahrbare Straße zwischen Kaltern und dem **Mendelpass** auf knapp 15 km rund 960 Höhenmeter. Oben, am 1363 m hohen Pass, stehen für Ausflügler reichlich **Parkplätze** zur Verfügung.

26 Tramin an der Weinstraße
Termeno sulla Strada del Vino

Liebliche Weingärten und bestialische Fresken auf der sonnigen Talseite

 Information

■ Tourismusverein Tramin an der Weinstraße, Mindelheimer Str. 10 A, 39040 Tramin, Tel. 04 71/86 01 31, www.tramin.com

Der Gewürztraminer machte das schmucke Weindorf mit seinen breiten Höfen und aneinandergebauten Wohnhäusern an teils steilen, kopfsteingepflasterten Gassen weltbe-

kannt. So leisten sich die Traminer denn auch den mit 93 m höchsten gemauerten Kirchturm Südtirols – sicher auch den spitzesten. Bedeutend kleiner ist das Kirchlein St. Jakob in Kastelaz, das aber einen »höllischen« Freskenschatz birgt. Der Weg hinauf ist Teil eines abwechslungsreichen Wegenetzes, zu dem auch ein Wein-Naturlehrpfad und der Geo-Pfad in eine Schlucht des Mendelkamms gehören.

 Sehenswert

Dorfmuseum
| Museum |

Das heimatkundliche Museum erweist sich als weitläufiges Schatzkästchen der Regionalgeschichte. Die reicht vom intakten Uhrwerk der früheren Kirchturmuhr über Weinkunde (Traminer-Sammlung aus aller Welt und Verkostung) bis zur Vorstellung des Egetmann-Umzugs (S. 76).

■ Rathausplatz 9, www.hoamettraminmuseum.com, Ostern–Okt. Di und Fr 10–12, Mi 10–12, 16–18 Uhr, 3 €

St. Jakob in Kastelaz
| Fresken |

 Bilderbuch von Heiligen und Fabelwesen

Auf einem Hügelplateau über Tramin thront das romanische Kirchlein mit seinem trutzigen Viereckturm. Der kleine Kirchenraum empfängt Besucher mit einer überwältigenden Fülle an Fresken. Schön sind die zwischen 1200 und 1400 entstandenen Darstellungen christlicher Legenden. Eine Klasse für sich aber sind die gotischen Gruselfresken im Sockelbereich des Chors. Hier hetzen im sog. Bestiarium Tiermenschen und Fabelwesen ge-

geneinander, man sieht Zentauren, hundeköpfige Berserker und schuppige Drachenschlangen. Ob hier vor Trunksucht gewarnt wird oder vor der ewigen Verdammnis, bleibt allerdings nach wie vor ein Rätsel.

 Mitte März–Mitte Nov. tgl. 10–18, sonst Sa und So 10–16 Uhr, Spende erbeten

Restaurants

€ | **Bürgerstube** Solide Küche, Weine der Region, wagenradgroße Pizzas. ■ Mindelheimer Str. 16 A, Tel. 04 71/86 00 48, Di–Do 17–23, Fr–So 11–14, 17–23 Uhr

€€ | **Plattenhof** Gutes Essen und prämierte Weine aus eigenem Anbau der Familie Dissertori lohnen den gut 2 km langen Weg hinaus in die Weinberge. ■ Söll 33, Tel. 04 71/86 01 62, www.platten hof.it, Ostern–ca. Okt., Di–So 11.30–14, 17–21 bzw. 23 Uhr

Einkaufen

Cantina Tramin Modernes Zentrum der lokalen Winzergenossenschaft (Gewürztraminer!). ■ Weinstr. 144 (nördl. Ortsausgang), Tel. 04 71/09 66 33, www.kellereitramin.it, Mo–Fr 9–19, Sa 9–17 Uhr

Hofstätter Garten Lokale Kellerei mit Vinothek. ■ Rathausplatz 7, Tel. 04 71/09 00 03, www.garten-hofstatter.com, Di–Sa 10–14.30, 18–23, So 10–14 Uhr

Psenner Werksverkauf der bekannten Destillerie südlich vor Tramin. ■ Bahnhofstr. 1, Tel. 04 71/86 01 78, www.psenner.com, Nov.–März Mo–Fr 8–12, 14–18, April–Okt. Mo–Fr 8–18, Sa 9–12.30 Uhr

Kinder

Egetmann-Umzug für Kinder Alle geraden Jahre, im Wechsel mit dem

Der Gewürztraminer hat das kleine Weindorf Tramin in aller Welt bekannt gemacht

Voller Einsatz ist gefragt, wenn beim Egetmann-Umzug der Winter ausgetrieben wird

»großen« Umzug (s.u.). Genauso originell, nur weniger wild. ■ www.eget
mann.com

✳ Erlebnisse

 Egetmann-Umzug Alle ungeraden Jahre treiben die Traminer Burschen und Männer mit ungeheurem Spektakel den Winter aus. Eine besondere Rolle dabei spielen die »Wudelen« genannten drachenähnlichen Schnappviecher. Weitere mitwirkende Figuren bei dem archaischen Brauch sind Burgl und Burgltreiber, der Wilde Mann, der Weiße Bär, Jäger, Metzger, Rußweiber, die alte Zusl, der Verkünder und viele mehr – nicht zuletzt der Egetmann-Hansl und seine Braut. Den bizarren Zug komplettieren aufwendig gestaltete Wagen, von denen es Sägespäne und faulen Fisch auf die Zuschauermenge herabregnet. Und wer kein rußverschmiertes Gesicht hat, kann bei dem wilden Umzug nicht dabei gewesen sein! ■ www.egetmann.com, Ende Feb., ab ca. 14 Uhr, Umzugsemblem 5 €

🚗 In der Umgebung

Kurtatsch

| Weindorf |

Weiteres schmuckes Weindorf am Mendelkamm, der »Sonnenterrasse« des Tals. Kurtatsch ist von Tramin aus über den einfach zu gehenden Kastelaz-Weg (5 km, 1,5 Std., 250 Hm) zu erwandern. In beiden Orten kann man in der Nacht des Herz-Jesu-Sonntags, des 3. Sonntags nach Pfingsten, sehr schön die sog. Herz-Jesu-Feuer (auch Johannifeuer) sehen, die zu dieser Zeit auf vielen Südtiroler Bergen entzündet werden.

■ www.suedtiroler-unterland.it

27 Neumarkt
Egna

*Groß gewordenes Dorf mit Lauben-
häusern an der südlichen Etsch*

 Information

◼ Tourismusverein Neumarkt, Lauben 28,
39044 Neumarkt, Tel. 04 71/81 23 73

Es ist nicht Bozen, aber charmant sind
die Laubenhäuser von Neumarkt mit
ihren niedrigen Arkaden doch. Kleine
Läden und Cafés locken zum Bummel
durch das kleine spätmittelalterliche
Zentrum. Hier erinnert das Ballhaus als
einstiges Waren- oder Ballenlager an
die frühere Bedeutung Neumarkts als
Handelsstation an der Etsch.
Im weiteren Umkreis laden waldreiche
Berghänge, insbesondere des Reggl-
bergs gleich bei Neumarkt, zu Ausflü-
gen ein: zur Burgruine Caldiff etwa, in
den Naturpark Trudner Horn oder zu
urigen Bergdörfern wie Pinzon, Kalten-
brunn oder Altrei.

ADAC *Wussten Sie schon?*

Albrecht Dürer konnte 1464 auf
seiner zweiten Italienreise wegen
Überschwemmung nicht durch
das Etschtal reisen. Seine damalige Alternativroute über die Tal-
hänge führt heute als **Dürerweg**
von Neumarkt bis ins Trentino.
www.duererweg.it

 Restaurants

€€€ | **Johnson & Dipoli** Kleines feines
Restaurant hinter schicker Vinothek.
◼ Andreas-Hofer-Str. 3, Tel. 04 71/82 03 23,
www.johnson-dipoli.it, Mo geschl.

28 Auer
Ora

*Großes Weindorf in sonniger Lage mit
historischem Ortskern*

 Information

◼ Tourismusverein Castelfeder,
Hauptplatz 4, 39040 Auer, Tel. 04 71/
81 06 79, www.castelfeder.info

Die 3000-Seelen-Gemeinde passt mit
historischen Ansitzen, einer spätgotischen Pfarrkirche mit romanischem
Turm, gewölbeübermauerten Wein-
kellern und allen Geschäften des täglichen Bedarfs gut in das rührige Unterland. Der rote Porphyr, mit dem
Auers Gassen – wie die der meisten
Weindörfer der Gegend – gepflastert
sind, wird übrigens unweit nördlich in
Branzoll gebrochen. Die Steinbrüche
sind für Besucher allerdings nicht zugänglich, anders als die Buschenschänken in und um Auer. Einen Aus-
flug wert ist auch das Dorf Montan, das
ebenso malerisch wie verwegen auf
sonniger Höhe über Auer thront.

 Sehenswert

Bletterbach-Klamm
| Schlucht |
Bis zu 400 m ragen die Felswände des
8 km langen »Grand Canyon Südtirols«
steil empor. Ein Geoweg in der Klamm
informiert über ihre Entstehung nach
der letzten Eiszeit und weist auf besondere Flora und Fauna hin.
◼ Besucherzentrum Geoparc Bletter-
bach, Lerch 40 (ca. 20 km nordöstl. von
Auer), Aldein, Tel. 04 71/88 69 46, www.
bletterbach.info, Ende April–Okt., 6 €,
erm. 3 €, Führung 13 €, erm. 10 €

Übernachten

Hier kamen sie alle durch, Stauferkaiser Friedrich II. und seine spätere österreichisch-ungarische Amtskollegin Sisi, der Augustinermönch Martin Luther, der Künstler Albrecht Dürer und viele, viele andere. Für Quartier war im Bozener Raum schon damals und ist heute noch umfassender gesorgt. Kleine Pensionen, Ferienwohnungen mit Familienanschluss und so manch umgebauter historischer Ansitz stehen in den Tälern und entlang der Weinstraße zur Verfügung. In und um Bozen dominieren gastliche Stadthotels. Relativ neu sind die zahlreichen Unterkünfte in Sporthotels, Höfen oder bei privaten Vermietern in den mittlerweile so viel besuchten Bergregionen wie Grödner Tal oder Seiser Alm. Die sind freilich in der Hochsaison oft schon frühzeitig ausgebucht.

Grödner Tal 56

€–€€ | **Garni Crepaz** Das freundliche Frühstückshotel im Grödner Tal bietet im Winter einen Holservice der örtlichen Skischule. Familien und Biker sind ausdrücklich willkommen. ■ Streda Nives 26, 39048 Wolkenstein, Tel. 04 71/79 50 16, www.garni-crepaz.com

€€ | **Freina** Gastfreundliches »Mountain Lifestyle« Hotel am Freina-Skihang, in unmittelbarer Nähe zu Ciampinoibahn und Sellaronda. Service, Zimmer, Restaurant, Terrasse zum Hang, Aussicht – alles bestens. ■ Freina 23, 39048 Wolkenstein, Tel. 04 71/79 51 10, www.hotelfreina.com

Seiser Alm 58

€ | **Haus Santner** Fünf picobello Ferienwohnungen und ein Gästehäuschen im Garten, genau das Richtige für Bergfexe aller Art. Hausherr Helmut arbeitet selbst als Berg- und Skiführer. ■ Schlernstr. 20, 39050 Völs am Schlern, Mobil 339/896 69 95, www.haussantner.it

€€ | **Ritsch Schwaige** Hotelzimmer mit Halbpension und Apartments, ruhig und für sich im Naturschutzgebiet gelegen. Sauna und Dampfbad sind geradezu luxuriös. ■ Saltria 16, 39040 Seiser Alm (östliche Compatsch-Region, Anfahrt nur mit Reservierungsbestätigung), Tel. 04 71/72 79 10, www.ritschschwaige.com

Bozen 62

€€ | **Feichter** Hotel ohne viel Luxus, doch ordentlich, praktisch und in bester zentraler Lage für einen Stadtbummel. ■ Weintraubengasse 15, 39100 Bozen, Tel. 04 71/97 87 68, www.hotelfeichter.it

€€ | **Kolpinghaus Bozen** Zweckmäßig eingerichtete, doch behagliche Zimmer, alle Sehenswürdigkeiten der Stadt sind gut zu Fuß zu erreichen. Das Mittagsrestaurant und der begrünte Innenhof sind ebenfalls zu empfehlen. ■ Adolph-Kolping-Str. 3, 39100 Bozen, Tel. 04 71/30 84 00, www.kolpingbozen.it

€€ | **Hotel am Hang** Gelungene Mischung aus Tradition und Moderne

am Ritten, der »Sonnenterrasse Bozens«. Wegen der Höhenlage gibt es nur Zimmer mit Halbpension. Restaurant und Panoramacafé (Di Ruhetag) begeistern auch Tagesgäste.
■ Wolfsgrubnerstr. 9, 39054 Oberbozen, Tel. 04 71/ 34 52 22, www.hotelamhang.it

Eppan an der Weinstraße 71

€€ | **Weinberg** Zentrumsnah und doch inmitten der Weinberge, auch wegen der herrlichen Aussicht empfehlen sich die Zimmer mit Balkon. Kleiner Pool im palmenbestandenen Terrassengarten. ■ Luziafeldweg 3, 39057 Eppan-St. Pauls, Tel. 04 71/ 66 23 26, www.hotelweinberg.eu

Kaltern an der Weinstraße 72

€€ | **Pension Christl** Größeres Haus in prächtiger Hanglage über dem Hauptort. Die Zimmer sind eher praktisch als schön, daher unbedingt mit Balkon und Talblick wählen. ■ St. Anton 23, 39052 Kaltern an der Weinstraße, Tel. 04 71/96 31 73, www.pension-christl.it

Tramin an der Weinstraße 74

€–€€ | **Garni Gartenheim** Komfortable Zimmer, freundliche Wirtsfamilie, prima Lage an den beginnenden Weinbergen, kleiner Pool und Sauna-Häuschen im Garten, dazu Verkostung von Eigenbauweinen mit Weinbergführung. ■ Rathausplatz 4, 39040 Tramin an der Weinstraße, Tel. 04 71/ 86 04 82, www.gartenheim.com

€€ | **Pernhof** Große Zimmer und Ferienwohnungen, alle mit Balkon, im Zentrum des Weindorfes. Sonnige Hangterrasse nach Süden, entspannte Atmosphäre. Abends gute Pizzeria im Vorderhaus. ■ Julius-von-Payer-Str. 21, 39040 Tramin an der Weinstraße, Tel. 04 71/86 07 88, www.pernhof.com

Auer 77

€€ | **Amadeus** Gediegene Gastlichkeit in historischem Ansitz inmitten von Auer. Verpflegung und Service sind bestens, der Garten punktet mit Pool und Obstbäumen. ■ Fleimstalstr. 1, 39040 Auer, Tel. 04 71/81 00 53, www. hotel-amadeus.it

ADAC *Das besondere Hotel*

Das **Charme-Hotel Uhrerhof Dëur** von Familie Zemmer ist wirklich charmant. Hier können Sie einmal im wahrsten Sinne des Wortes über den Dingen stehen - dank der ruhigen Alleinlage am Nordhang der Seiser Alm mit grandiosem Dolomiten- und Talblick. Dazu alpin-mediterrane Küche (Halbpension) und ein (echter) Rosengarten am Haus.
€€ | Pufels 26, 39046 St. Ulrich, Tel. 04 71/ 79 73 35, www.uhrerhof.com

Meraner Land – Bergurlaub unter Palmen

Über Kurgästen, Bergfexen und Weinliebhabern lacht die südliche Sonne, Schlösser und Burgen zieren die lieblichen Höhen

Frische Bergluft in mildem Sonnenschein ist Merans Geheimnis. Der Kurort bezaubert seit k.u.k.-Zeiten mit mediterranen Parks und Weingärten vor dem Hintergrund schneebedeckter Berggipfel. Das schätzen auch moderne Urlauber, die heute zudem in die ebenfalls mit allem Komfort ausgestatteten Ortschaften ringsum ausweichen können, um der Natur und den Bergen noch ein bisschen näher zu sein. Und beide sind großartig, wie zum Beispiel das Ultental anschaulich zeigt, und das Passeier Tal, aus dem der Südtiroler »Volksheld« Andreas Hofer stammt.

Dass sich demgegenüber Kunst und Kultur nicht verstecken müssen, beweisen die vielen erstklassigen Fresken und sonstigen Schätze, die Kirchen, Klöster und die zahlreichen Burgen der Region zieren. Für viele Gäste aber ist das Beste am Meraner Land sein edler Rebensaft, der zumal im unteren Tal der Etsch nicht nur die Traditionsdörfer entlang der Weinstraße prägt.

In diesem Kapitel:

ADAC Top Tipps:

7 Schloss Trauttmansdorff
| Gartenanlage |

Azaleen und Rosen, Palmen und Zypressen, in den Trautmansdorffer Gärten grünt und blüht es fast das ganze Jahr, bezaubernde Anblicke zum Staunen und Genießen. 90

8 St. Prokulus
| Fresken |

Ein Hingucker ist der Schaukler in der Kirche, das Museum nebenan erklärt kunsthistorisch die außergewöhnlichen Fresken aus dem 8. Jh. 100

ADAC Empfehlungen:

 Pfarrkirche Mariä Himmel-fahrt, Lana
| Altar |
14 m hoher, spätgotischer Schnitzaltar von Meisterhand.

 Marlinger Waalweg
| Wanderweg |
Auf den Spuren des Wassers: entlang alter Kanäle ins Grüne.

 Schloss Tirol
| Museum |
Nach seiner Besitzerfamilie wurde das ganze Land benannt.

 Plauser Totentanz
| Moderne Fresken |
»Danse macabre« mit Gevatter Tod, der alle gleich behandelt.

 Burg Wolfsthurn, Andrian
| Hotel |
Romantisches Burgenflair mit moder-nem Komfort und Ausblick.

29 Terlan
Terlano

Allianz aus Spargel und Wein am Eingang zur Region Überetsch-Unterland

ℹ️ Information

■ Tourismusverein Terlan, Dr.-Weiser-Platz 2, 39018 Terlan, Tel. 04 71/25 71 65, www.terlan.info

Umgeben von Gärten liegt im breiten Etschtal das schmucke Weindorf Terlan mit seinen Fraktionen Vilpian und Siebeneich. Die drei Orte bilden das Spargeldreieck, dessen schmackhafte Erzeugnisse Anfang April bis Ende Mai so gut mit dem Terlaner Weißwein harmonieren.

Wahrzeichen der 4000-Seelen-Gemeinde ist die frei zugängliche Ruine von Burg Neuhaus, besser bekannt als Burg Maultasch. Weit blickt man von ihren Mauern über ein ideales Wander- und Radgebiet: vom buntschin-deligen Kirchturmdach Terlans über das Apfelgärten- und Felderpatchwork der Ebene bis zum 1866 m hohen Gantkofel auf der gegenüberliegenden Talseite.

🚊 Verkehrsmittel

Seilbahn Vilpian–Mölten Kabinenbahn auf das Salten-Hochplateau nach Schlaneid bei Mölten. ■ Scholerweg 1, Vilpian, Tel. 04 71/66 80 53, www.tschoegglberg.it, Mo–Sa 7–19, So ab 8 (Sommer) oder 9 Uhr, Bergstation beim Gasthof Etschblick, www.etschblick.com

🅿️ Parken

Parkplatz für Aufstieg zur Burgruine beim Hochseilgarten Xsund (S.83).

🍴 Restaurants

 € € | **Weingarten** Köstliches aus der Region mit Spargel im Frühling, Wild und Pilzen im Herbst. ■ Hauptstr. 42,

Im Blickpunkt

Margarete Maultasch – Die letzte Gräfin von Tirol

Margarete Gräfin von Tirol-Görz (1318–69) regierte ihr Stammland in schwierigen Zeiten. Eine sehr frühe, arrangierte Heirat mit dem böhmischen Königssohn Johann Heinrich von Luxemburg verlief verheerend. Eine zweite mit dem Kaisersohn Ludwig I. von Bayern-Brandenburg erkannte der Papst lange nicht an. Auf päpstliche und böhmische Propaganda dürfte auch der Beiname »Maultasch« zurückgehen, abschätzig für eine hässliche, liederliche oder gewalttätige Frau.

Als verwitwete Regentin musste die Gräfin von Tirol 1363 noch den Tod ihres verbliebenen Sohnes Meinhard III. erleben. Um die Erbfolge und die Ordnung in ihrem geliebten Heimatland zu sichern, vererbte Margarete mit Zustimmung der Tiroler Stände die Grafschaft Tirol an ihre Habsburger Verwandten in Wien. Deren Herrschaft über das Land an Etsch, Eisack und Inn dauerte dann mit nur kurzen Unterbrechungen bis nach dem Ersten Weltkrieg.

Auf Burg Neuhaus soll sich Margarete »Maultasch« am liebsten aufgehalten haben

Tel. 0471/257174, www.restaurant-weingarten.com, tgl. 12–14, 18.30–21.30 Uhr

€€€ | **Patauner** Südtiroler Küche vom Feinsten auf dem traditionsreichen Vogelmeierhof. ▨ Bozner Str. 6, Siebeneich, Tel. 0471/918503, www.restaurant-patauner.net, Juli–Sept. Mo–Sa 12–14, 18–21.15 Uhr, Okt.–Juni Fr–Mi

 Einkaufen

Kellerei Terlan Terlaner Sauvignon und Weißburgunder, Gewürztraminer, Lagrein, Torilan und viele andere feine Tropfen der Winzergenossenschaft. ▨ Silberleitenweg 7, Tel. 0471/257135, www.kellerei-terlan.com, Mo–Fr 8–18, Sa 8–12 Uhr

Sektkellerei Arunda Höchstgelegene Sektkellerei Europas in 1200 m Höhe. ▨ Prof.-Josef-Schwarz-Str. 18, Mölten, Tel. 0471/668033, www.arundavivaldi.it, Mo–Fr 8–12, 14–18, Führungen Mi 10, Do 11 Uhr

 Kinder

Xsund Hochseilgarten mit Kinderparcours (9 €, Erw. 28 €), 3D-Bogenparcours (15 € p.P.), Leihboote (ab 65 € für ein 4er-Boot) auf der Etsch von Lana bis Bozen. ▨ Hauptstr. 4, Tel. 0471/257944, Mitte März–Anf. Nov. 10–18, in der Hauptsaison bis 19.30 Uhr, Bootsverleih nur vormittags in der Saison, www.xsund.it

In der Umgebung

Salten (Il Salto)

| Wandergebiet |

Weite Fernblicke erwarten Wanderer auf der Hochebene zwischen den Dörfern Jenesien (über Bozen) und Mölten (über Vilpian). Ein aussichtsreicher Weg führt von Jenesien-Flaas oder, etwas leichter, ab Mölten auf das Jenesier Jöchl zu den »Stoanernen Mandln«, Steinsetzungen von Bergfreunden am Gipfelkreuz in 2003 m Höhe.

Am Hang von Schloss Katzenzungen gedeiht eine der ältesten Weinreben der Welt

30 Tisens–Prissian
Tesimo e Prissiano

Die größte Rebe, die einzige Sterne-köchin, die meisten Burgen

 Information

■ Tourismusverein Tisens-Prissian, Bäcknhaus 54, 39010 Tisens, Tel. 04 73/ 92 08 88, Tel. 04 73/92 08 22 (Prissian), www.tisensprissian.com

Burgendörfer werden Tisens, Prissian und ihre Fraktionen auch genannt. Die Gründe dafür heißen Wehrburg, Fahlburg, Zwingenburg, dazu kommen schlossähnliche Ansitze wie Liedl oder Greifenegg sowie Schloss Katzenzungen, auf dessen Grund die Versoaln-Rebe gedeiht, eine sehr alte und besonders große Traubenart. Kein Wunder, die Lage in gut 600 m Höhe auf dem geschützten sonnenreichen Tisner Hochplateau ist ausgesprochen günstig. Das lässt auch andere Früchte gut gedeihen: Äpfel sowieso, vor allem aber die Tisner Edelkastanien, die »Kescht'n«. Die Spezialität schmeckt geröstet ebenso gut wie als Püree oder kandiert beim Törggelen zum jungen Wein.

 Restaurants

€€€ | **Zum Löwen** »Essen wie bei Muttern«, frisch und köstlich interpretiert. Mit Quittenmostarda gefüllte Ravioli, Rote-Bete-Tatar in Schwarzbrotmantel, pochierter Saibling oder Lammrücken in Kräuterkruste. Ihre feine Heimatküche brachte Anna Matscher als bislang einzige Frau in Südtirols Sterne-Küchenhimmel. ■ Hauptstr. 72, Tisens, Tel. 04 73/92 09 27, www.zumloewen.it, Mi–So 12–13.30, 19–21.30 Uhr

Events

Keschtn-Riggl Festtage für die Kastanie mit Kulturprogramm, Burgennacht, Volksmusik, Markt, Kastanienkochkurs, geführten Wanderungen zum Thema, kulinarischen Kreationen und mehr.

■ Tisens, Prissian, Völlan und Lana, www.keschtnriggl.it, Mitte Okt.–Anf. Nov.

 **Lana**
Lana

Kirchen und Burgen prägen das Obstdorf mit dem berühmten Schnatterpeck-Altar

 Information

■ Tourismusverein Lana und Umgebung, Andreas-Hofer-Str. 9, 39011 Lana, Tel. 04 73/56 17 70, www.lana.info

»Apfeldorf« wird der lang gestreckte Ort aus Ober-, Mitter- und Niederlana auch genannt, immerhin liegt die Marktgemeinde im größten Obstanbaugebiet Südtirols. Die Atmosphäre hier ist freundlich, die Einkaufsmöglichkeiten sind gut – und immer mehr Menschen ziehen ins Grüne nach Lana am Übergang der Etschtalebene in den Meraner Talkessel.

Zahlreiche Kirchen und Kapellen – sehenswert etwa St. Agatha oder St. Magnus – akzentuieren den weiten Talgrund und die nahen Berghänge des Vigiljochs. Der 1486 m hohe Gipfel des Hausbergs von Lana ist bekannt für seine lichten Lärchenwälder. Auch sonst bietet der attraktive Landschaftsmix viele Freizeitmöglichkeiten, etwa für Ausflüge zu Burgruinen wie der von Brandis, Waalspaziergänge oder Erkundungen der steinigen Gaulschlucht.

 Sehenswert

Pfarrkirche Mariä Himmelfahrt
| Altar |

 Apostel, Heilige, Maria und die Dreieinigkeit von Meisterhand

Glanzstück des spätgotischen Gotteshauses ist der 14 m hohe Schnatterpeck-Altar. Die teils lebensgroßen Figurengruppen laufen auf zwei Ebenen einmal auf den goldgefassten Gnadenstuhl, darüber auf die Krönung Mariens zu. Die Passionsgemälde auf den Außenseiten der Flügel vervollständigen den Altar kongenial, man sieht sie freilich nur in zugeklapptem Zustand (Aschermittwoch–Ostern).

■ Schnatterpeckstr., Niederlana, Tel. 04 73/56 17 70, Führung Ende April–Okt. Mo–Sa 10.30, 11.30, Mo–Fr auch 16 Uhr, 3 €

Gefällt Ihnen das?

Dann vergleichen Sie den **Hans-Schnatterpeck-Altar** von Lana mit dem **Jörg-Lederer-Altar** in Latsch im Vinschgau (S. 108). Ähnlichkeiten und Unterschiede sind verblüffend – wunderschön sind sie beide.

Südtiroler Obstbaumuseum
| Museum |

Alles, über Obst- und insbesondere den Apfelanbau erfährt man hier im Ansitz Larchgut. Das mittelalterliche Anwesen mit Obstanger und Barocksaal zeigt die älteste datierte Weinpresse Südtirols von 1570, informiert aber auch über Etschregulierung und integrierten Pflanzenschutz.

■ Brandis-Waalweg 4 (neben der Pfarrkirche), Tel. 04 73/56 43 87, www.obstbaumuseum.it, Ende März–Okt. Mo–Sa 10–17 Uhr, 4 €, erm. 3,50 €

Verkehrsmittel

Seilbahn Vigiljoch Seilbahn und Sessellift erschließen ein wald- und almenreiches Wandergebiet. Ziele sind z. B. Vigiljocher Kirchlein oder Alpenrosenweg zur Bärenbad Alm. ■ Villener Weg 3, Tel. 04 73/56 13 33, Juni–Sept. tgl. 8–19 Uhr, sonst kürzer, Einzelfahrt 9,50 €, Berg- und Talfahrt 14 €

 Restaurants

€€ | **Pfefferlechner** Gemütliches, junges Brauereigasthaus mit herzhafter gehobener Küche, im Herbst Törggelen im Buschenschank. ■ St. Martinsweg 4 (ggü. Hl.-Kreuz-Kirche), Mitterlana,

Tel. 04 73/56 25 21, www.pfefferlechner. it, tgl. 16–23.30 Uhr, So auch mittags

32 **Ultental**
Val d'Ultimo

Ruhiges Hochtal, wie gemacht für Wanderer und Alpinisten

 Information

■ Tourismusvereinigung Ultental, St. Walburg 104, 39016 Ulten, Tel. 04 73/79 53 87, www.ultental-deutschnonsberg.it

Von der Mündung bei Lana ins Etschtal bis hinauf zum Nationalpark Stilfser Joch zieht sich das ruhige

Urtümliche Hofgruppen, Weiden und Wälder kennzeichnen das beschauliche Ultental

Ultental. Unterwegs liegen von Wald und Weiden gerahmt die größeren Dörfer St. Pankraz, St. Walburg, Kuppelwies am See, St. Nikolaus und St. Gertraud, unweit des Talausgangs zweigt das Nonstal nach Süden ab.

Lange Zeit lebten die Menschen im Ultental zurückgezogen von Viehzucht und Landwirtschaft, heute lockt die unverbaute Landschaft viele Urlaubsgäste. Sie genießen die ausgedehnten Lärchenwälder, Wanderungen um die fünf Stauseen im oberen Tal oder in höheren Lagen eine Almeinkehr. Gelegenheit zu Wintersport bietet das kleine Skigebiet um die Schwemmalm, im ganzen Tal sind 25 km Loipen gespurt.

ADAC *Mobil*

Das **Ultental** von Lana her besser nicht mit Gespannen befahren, die Straße ist schmal und in manchen Abschnitten steil.

Sehenswert

Ultner Talmuseum
| Museum |
Einblicke in die Volkskunst und Ausstellung zu bäuerlicher Kultur im ehemaligen Schulhaus.

■ St. Nikolaus 107, Tel. 04 73/79 03 74, Mai–Okt. Di und Fr 11–12, 15–17, März–Okt. So 10–12, 15–17 Uhr, Spende erbeten

Nationalparkhaus Lahner Säge
| Museum |
Im historischen Sägehaus geht es um Mensch und Wald, nicht nur im Nationalpark Stilfer Joch.

■ Sägehüttl 64, St. Gertrud, Tel. 04 73/79 81 23, www.lahner-saege.com, Feb.–1. April und Mai–Okt. Di–Sa 9.30–12.30, 14.30–17.30, Juli–Aug. auch So 14.30–17.30 Uhr, 3 €, erm. 2,70 €

Urlärchen
| Naturdenkmal |
850–2000 Jahre sind die drei »Ultner Urlärchen« alt. Der höchste Baum misst 36,5 m, der dickste hat einen Stammumfang von 8,34 m.

■ beim Gehöft Außerlaner (nahe Lahner Säge, s. o.), St. Gertrud

Verkehrsmittel

Kabinenbahn Schwemmalm Aufstiegshilfe zum Wander- und Skigebiet um die Kuppe der Mutegg (2658 m).
■ Talstation Kuppelwies, Einzelfahrt ab 10,50 €, www.schwemmalm.com

33 Meran (Merano)

Kurstadttraum mit sonniger Gartenlust unter Schneegipfeln

![Photo]

Zu einer Erfrischung auf der Winterpromenade lädt das Café an der Wandelhalle ein

 Information

■ Kurverwaltung Meran, Freiheitsstr. 45, 39012 Meran, Tel. 0473/272000, www.meran.eu
■ Marketinggesellschaft Meran, Gampenstr. 95, 39012 Meran, Tel. 0473/200443, www.meranerland.com
■ Parken: siehe S. 91

Flanieren auf der Passerpromenade, Lustwandeln in Palmengärten, Shoppen in den Lauben – der Kurort Meran ist der Inbegriff des schönen Lebens. Und das, seit sich 1870 die österreichische Kaiserin Elisabeth (Sisi) hier erstmals im milden sonnigen Klima erholte. Unter all den Gründerzeit- und Jugendstilpalästen verweisen reich ausgestattete Kirchen, Landesfürstliche Burg und Laubengasse auch auf die Geschichte Merans als Markt und frühere Landeshauptstadt von Tirol.

Die Altstadt liegt malerisch in einem Talkessel entlang des Flüsschens Passer, die Vororte der mit knapp 40000 Einwohnern zweitgrößten Stadt Südtirols ziehen sich ringsum zwischen viel Grün weit hin. Spazier- und Wanderwege erschließen die Hänge um Meran, die Parks und Gärten verströmen südländisches Flair.

Plan
S.91

Gemälde – meist aus Tirol, aber auch Einzelstücke aus aller Welt, darunter Napoleons Totenmaske.

■ Pfarrplatz 6, Tel. 04 73/27 00 38, www.palaismamming.it, Ostern–5. Jan. Di–Sa 10.30–17, So 10.30–13, Di im Sommer 10.30–13, 18–22 Uhr, 6 €, erm. 5 €, Kombikarte mit Landesfürstlicher Burg 8 €

③ St. Nikolaus
| Kirche |

Ein barocker, achteckiger Aufbau krönt den 80 m hohen Kirchturm der an sich gotischen Pfarrkirche. Das Innere birgt mittelalterliche Fresken, eine reich verzierte gotische Sandsteinkanzel und schöne Buntglasfenster.

■ Pfarrplatz, www.stadtpfarre-meran.it

④ Laubengasse
| Stadtbild |

Die älteste Einkaufsstraße der Stadt zieht sich über 400 m schnurgerade vom Pfarrplatz nach Westen zum Kronplatz. Hübsche, oft zweistöckige Arkadenhäuser säumen die schmale Fußgängerzone, deren südliche Front zur Passer hin Wasserlauben-, gegenüber Berglaubenseite genannt wird.

⑤ Landesfürstliche Burg
| Museum |

Originale Möbel, Küchengeräte, Gemälde, Musikinstrumente und Waffen vermitteln ein lebendiges Bild vom adligen Leben im Spätmittelalter.

■ Galileistr., Mobil 329/018 63 90, Ostern–5. Jan. Di–Sa 10.30–17, So 10.30–13 Uhr, 5 €, erm. 4 €, Kombikarte mit Palais Mamming Museum 8 €

 Sehenswert

① Tappeinerweg
| Panoramaweg |

Vorbei an Palmen, Zypressen, Weinbergen auf halber Höhe am Südhang des Küchelbergs: Der österreichische Arzt, Botaniker und Meran-Fan Franz Tappeiner ließ den 4 km langen Spazierweg zwischen Altstadt und dem Stadtteil Gratsch 1892 anlegen.

② Palais Mamming Museum
| Museum |

Das frühere Städtische Museum zeigt archäologische Funde, Skulpturen und

Der Turm der Pfarrkirche St. Nikolaus ragt stolze 80 Meter in die Höhe

Frauenmuseum

| Museum |

Alltagsgegenstände, Kleidung und teils kuriose Accessoires illustrieren die Geschichte von Frauen, meist in Europa, über die Jahrhunderte.

■ Meinhardstr. 2, Tel. 04 73/23 12 16, www.museia.it, Mo–Fr 10–17, Sa 10–12.30 Uhr, 4,50 €, erm. 4 €

Passerpromenade

| Stadtbild |

Stadttheater, Neues Kurhaus, gemäldegeschmückte Wandelhalle – am Beginn der Passerpromenade reihen sich stattliche Jugendstilbauten aneinander. Nach Osten hin schließen sich Winterpromenade und Gilfpromenade an, die jenseits des Passeier Tors auf der südlichen, linken Wasserseite als Sommerpromenade wieder zurück in die Altstadt führt.

Spitalkirche zum Heiligen Geist

| Kirche |

Spätgotisches Kirchlein aus rotem und gelbem Sandstein. Über der dreischiffigen Halle mit zehneckigem Chorumgang spannt sich ein filigranes pfeilergestütztes Sternrippengewölbe. Den neugotischen Pfingstaltar an der Nordwand rahmen vier von Jörg Lederer geschnitzte Flügelreliefs.

■ Romstr. 1

⑨ Schloss Trauttmansdorff

| Gartenanlage |

 Gartenschätze und ein Schloss für den Tourismus

Die Botanischen Gärten am südöstlichen Stadtrand gehören zu den schönsten in ganz Italien. Seit der Eröffnung 2001 besuchen jedes Jahr mehr als 5 Mio. Gäste die grün-bunte Pracht. Besondere Attraktionen in der ausgedehnten Terrassenanlage um elf künstlerisch gestaltete Themenpavillons sind der Weinberg mit 110 unterschiedlichen Rebsorten, mehrere Arboreten und der Rosengarten. Über allem thront Schloss Trauttmansdorff, in dem das Touriseum die Geschichte des Fremdenverkehrs in Südtirol erzählt.

■ St. Valentin-Str. 51 A, Tel. 04 73/23 57 30, www.trauttmansdorff.it, April–Okt. tgl. 9–19, Juni–Aug. Fr bis 23, Anf.–Mitte Nov. tgl. 9–17 Uhr, 13 €, erm. 9 €

🅷 Verkehrsmittel

SAD-Busse Zahlreiche Buslinien erschließen Meran und das Umland.
■ www.sii.bz.it

Sessellift Küchelberg Im Sessel über Weinberge und Dachfirste in 5 Min. auf den Meraner Hausberg. Von der Bergstation wandert man in ca. 20 Min. zum Dorf Tirol. ■ Talstation bei der Landesfürstlichen Burg, Tel. 0473/923105, www.panoramalift.it, Juli–Mitte Sept. tgl. 9–19, April–Juni und Mitte Sept.–Okt. 9–18 Uhr, Einzelfahrt 4 €, Berg- und Talfahrt 5,50 €, Kombiticket mit der Seilbahn Hochmuth im Dorf Tirol (S. 95) 11 €, Plan S. 91 c2

P Parken

Karl-Wolf Parkplatz 24-h-Parkhaus und Parkplätze unter Bäumen. ■ Verdistr. 14, www.parkplatz-meran.com, 2 € p. Std., Tagestarif 14 €, Plan S. 91 c1
Garage Therme Meran 24-h-Tiefgaragenstellplätze. ■ Thermenplatz 9, www.termemerano.it, 2,40 € p. Std., Tagestarif 19 €, Plan S. 91 c3

Restaurants

€€ | Forsterbräu Meran Großes Restaurant. Regionale Gerichte in Stube, Saal, auf der Terrasse oder im Biergarten. ■ Freiheitsstr. 90 (nahe Kurhaus), Tel. 0473/236535, www.forsterbrau.it, Mi–Mo 11.30–23.30 Uhr, Plan S. 91 c3
€€ | Laubenkeller Spezialitäten und Hausmannskost in Gewölberestaurant mit Innenhof. ■ Lauben 118, Tel. 0473/237706, www.laubenkeller.it, Fr–Mi 11.30–14, 18–21.30 Uhr, Plan S. 91 c2

Cafés

Bäckerei Schmidt Köstliche hausgemachte Strudel, Hörnchen, Lebkuchen oder Spezialitäten wie Oster-Fochaz. ■ Postgasse/Leonardo-da-Vinci-Str. 22, Mo–Fr 7–18.30, Sa 7–17 Uhr, Plan S. 91 d3

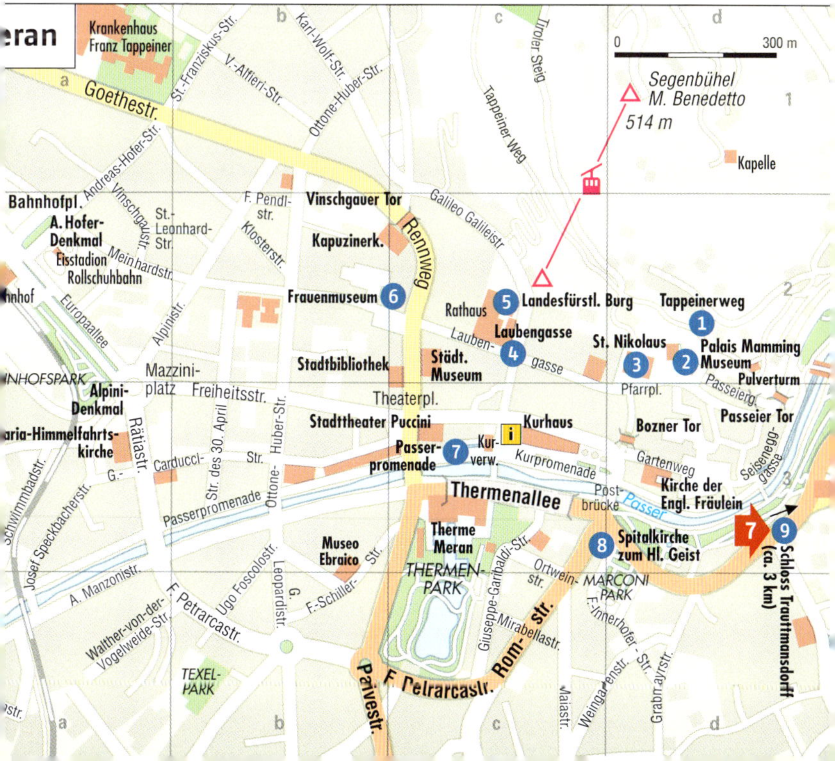

Spaß und Entspannung für die ganze Familie bietet die Therme Meran

Caffe' Darling Kaffee und Kuchen auf der Terrasse an der Passer. ■ Winterpromenade 9, tgl. 7–20 Uhr, Plan S.91 d3

 Einkaufen

Metzgerei Siebenförcher Speck, Gamssalami, Hirsch-Kaminwurzen u.a. ■ Laurinstr. 59, Tel. 0473/ 44 30 95, www. max-siebenfoercher.it, Plan S.91 a1
Sennerei Algund Käse, Milch und Milchprodukte von Kuh und Ziege. ■ Mitterplars 29, Algund, www.sennerei algund.it, Mo–Fr 7.30–12.30, 15.30–18.30, Sa 7.30–12.30 Uhr, Plan S.91 westl. a1
Vinothek Schloss Rametz Grappas und Weine (Riesling!) vom eigenen Weinberg. Im Schloss auch Verkostung und kleines Weinbaumuseum. ■ Laberstr. 4, Meran-Obermais, www.rametz. com, Mitte März–Mitte Nov. Mo–Sa 9–18.30, Mitte Nov.–Mitte März Mo–Fr 9–18, Sa 9–14 Uhr, Plan S.91 östl. d3

 Events

Haflinger Galopprennen Traditionelle Rennen von Haflingerstuten, zuvor Festumzug durch die Stadt. ■ Pferderennplatz Meran-Untermais, www.haflin ger-pferdesportverein.com, Ostermontag, Plan S.91 südl. a4

 Erlebnisse

Spezialbier-Brauerei Forst Führung durch Italiens größte Brauerei. ■ Vinschgauer Str. 8, Forst/Algund, Tel. 0473/26 01 11, www.forst.it, April–Okt. Mi 14 Uhr, nur mit Anmeldung, Plan S.91 westl. a1

 Sport

Meran 2000 Naherholungs- und Skigebiet auf der Hochebene von Hafling in rund 1250 m Höhe: Wanderwege, 40 km Skipisten (Teil der Ortler-Skiarena) und die Bergachterbahn Alpine Coaster. www.meran2000.com, Bergbahn ab Naif, Einzelfahrt 13,50 €, Berg- und Talfahrt 18,50 €, erm. 11,50 € bzw. 17,50 €; Umlaufbahn ab Falzeben, Einzelfahrt 11 €, Berg- und Talfahrt 15 €, erm. 10 € bzw. 13 €; Pkw-Parkplatz Talstation 4 €, Plan S. 91 östl. c3

Entspannung

Therme Meran Der 52 000 m² große Thermenpark bietet 25 In- und Outdoorpools, acht Saunen und Dampfbäder, Medical Spa, Radonwasserbecken, Vinschger Marmorsand-Peeling u.v.m. Thermenplatz 9, www.terme merano.it, Kernöffnungszeiten Bäder tgl. 9–20 bzw. 22, Saunen 13–22 Uhr, ab 13 €, Tageskarte ab 19 €, um Weihnachten teils erhebliche Aufpreise, Plan S. 91 c3

In der Umgebung

Hafling (Avelengo)
| Bergdorf |
Auf dem Hochplateau des Tschögglberges östlich vor Meran liegt das kleine Hafling-Oberdorf. Als Arbeits- und Lasttiere wurden hier zähe, trittsichere genügsame Gebirgspferde gezüchtet, Vorfahren der blond-braunen Haflinger. Heute erschließt die Seilbahn die umliegenden Höhen, im Winter das Skigebiet Meran 2000, im Sommer die naturschönen Wanderwege, etwa zum Sulfner Weiher.

Marlinger Waalweg
| Wanderweg |
17 *Leise glucksend begleitet das Wasser den Wanderer am Hang*
Der aussichtsreiche Weg verläuft über 12 km nahezu waagrecht am Steinhang oberhalb von Marling, immer

entlang des längsten erhaltenen Waals in Südtirol. Den künstlichen Wasserlauf ließ das Schnalstaler Kartäuserkloster Allerengelberg 1737–56 zur Bewässerung seines Weinguts anlegen.
 www.waalwege.org

Algund (Lagundo)
| Weindorf |
Unweit westlich von Meran liegt das sonnenreiche Algund am Fuß der Texelgruppe. Die Gemeinde um den Hauptort Mühlbach lebt von Obst- und Weinbau sowie vom Tourismus. Besucher finden hier rund 160 km Wanderwege bis in die Hochlagen, darunter den 6 km langen Algunder Waalweg von Algund nach Gratsch.

Schenna
Scena

Bedeutender Urlaubsort und Wanderparadies zwischen Berg und Tal

Information

 Tourismusverein Schenna, Erzherzog-Johann-Platz 1 D, 39017 Schenna, Tel. 04 73/94 56 69, www.schenna.com

An 300 Tagen im Jahr scheint die Sonne über Schenna und seinen Ortsteilen Verdins, St. Georgen, Tall und Schennaberg. Die hiesigen Wandermöglichkeiten zwischen Meraner Ebene und Sarntaler Alpen reichen vom Verdinser Waalweg bis zu Touren auf die Hausberge Ifinger und Hirzer. Bei all den Seilbahnen und Liften, Almen und Berggasthöfen, Wanderwegen und MTB-Trails ist für jeden etwas dabei. Daher verzeichnet die Gemeinde mit gerade mal 3000 Einwohnern jedes Jahr mehr als 1 Mio. Übernachtungen.

Sehenswert

Mausoleum
| Kirche |

Sandsteinrot ragt die neugotische Grablege auf dem Kirchhügel auf. Graf Franz von Meran hatte sie 1860–69 für seine Eltern errichten lassen, den österreichischen Erzherzog Johann und die bürgerliche Anna Plochl.

■ Karwoche–Allerheiligen Mo–Sa 10–11.30, 15–16.30 Uhr, 2 €, Kombi-Karte mit Schloss Schenna 10 €

Schloss Schenna
| Museum |

Einen Teil des Schlosses hoch über dem Ort nutzen die Grafen von Meran privat als Familiensitz. In anderen Räumen dokumentieren Ausstattung und Kunstwerke die Geschichte und Kultur Tirols.

■ Schlossweg 14, Tel. 04 73/94 56 30, www.schloss-schenna.com, Karwoche–Allerheiligen, nur mit Führung Di–Fr 10.30, 11.30, 14 und 15, Mo auch 21 Uhr, 9 €, Kombi-Karte mit Mausoleum 10 €

 Verkehrsmittel

Taser Almbahn Schenna–Schennaberg bzw. Taser-Familienalm mit Almgasthof, Bergzoo und Hochseilgarten. ■ Talstation Pichlerstr. 31, Tel. 04 73/94 56 15, www.taseralm.com, April–Anf. Nov. tgl. 8.30–12, 13–18, 25. Dez.–7. Jan. 9–12, 13–17 Uhr, Einzelfahrt 7,90 €, Berg- und Talfahrt 10,20 €, erm. 7 € bzw. 9,20 €

Seilbahn Verdins-Tall Luftseilbahn ins ausgedehnte, almenreiche Wandergebiet Tall-Hirzer und zum Tallner Hochplateau, ideal für Wanderer, Mountainbiker und Paraglider. ■ Verdins 39, Tel. 04 73/94 94 50, www.verdins.it, Mitte März–Anf. Nov., 26. Dez.–6. Jan. 10–12,

14–16.30 Uhr, Einzelfahrt 8,20 €, Berg- und Talfahrt 10,90 €, erm. 7,30 € bzw. 9,80 €

 Restaurants

€ | Hofschank Zmailer Hof Suppen, Knödel, Strudel, Krapfen, Gulasch, Hauswurst, Rippelen. Tolle Aussicht inbegriffen. ■ Bergerweg 17, Tel. 04 73/94 58 81, Mitte März–Nov. tgl., abends nur auf Bestellung, Juli–Aug. Sa–Do

€€ | Thurnerhof Südtiroler Klassiker in Gaststube, Selchkuchl oder im Gastgarten unter Kastanien- und Nussbäumen. ■ Verdinserstr. 26, Tel. 04 73/94 57 02, www.thurnerhof-schenna.com, Di–So 16–23 Uhr, So auch mittags

 **Dorf Tirol**
Tirolo

Stammsitz der Grafen von Tirol, nach dem Dorf und Land benannt sind

 Information

■ Tourismusverein Dorf Tirol, Hauptstr. 31, 39019 Dorf Tirol, Tel. 04 73/92 33 14, www.dorf-tirol.it

Bewacht von den oft schneebedeckten Gipfeln der Texelgruppe sorgen im Dorf in sonniger Hügellage Zypressen und Zitronen für italienisches Flair. Beliebte Ausflugsziele sind etwa der Ezra-Pound-Weg zur Brunnenburg oder der für seinen Vernatsch bekannte Zenoberg mit Zenoburg am Eingang zum Passeier Tal. Vor allem aber lässt sich niemand einen Besuch im hochgelegenen Schloss Tirol entgehen, das als Stammsitz der Grafen Görz-Tirol dem ganzen Land seinen Namen gab.

Schloss Tirol beherbergt ein interessantes Museum zur Tiroler Geschichte

 Sehenswert

Schloss Tirol
| Museum |

 *Die alte Grafenburg ist Namens-
pate und Nabel des Landes*
Geschichtsträchtige Schloss-Burg aus
dem späten 11. Jh. mit romanischen
Marmorportalen, frühgotischen Fres-
ken und Tiroler Glasmalereien. Das
Südtiroler Landesmuseum für Kultur-
und Landesgeschichte stellt in unter-
schiedlichen Bereichen der Burg z.B.
Baugeschichte und Archäologie in der
Krypta, im Kaisersaal Tirol im Mittel-
alter, im Kapellenturm Rechts- und
Wirtschaftsgeschichte oder im Berg-
fried die Landesgeschichte seit dem
Ersten Weltkrieg vor.
■ Schlossweg 24, Tel. 04 73/22 02 21,
www.schlosstirol.it, Mitte März–Anf. Dez.
Di–So 10–17, Aug. bis 18 Uhr, 7 €

Pflegezentrum für Vogelfauna
| Falknerei |
Verletzte Wildvögel werden hier gepflegt, Nestlinge aufgepäppelt und
alle möglichst wieder ausgewildert.
Besucher können Adler, Bussarde,
Eulen, Falken, Geier, Milane u.v.m. auf
Sitzstangen am Boden und bei Vorfüh-
rungen im Flug bewundern.
■ bei Schloss Tirol, Schlossweg, Tel. 04 73/
22 15 00, www.gufyland.com, April–Okt.
Di–So 10.30–17, Flugvorführungen 11.15
und 15.15 Uhr, 10 €, erm. 8 €

H **Verkehrsmittel**

Seilbahn Hochmuth Von der Bergstation Wandermöglichkeiten zu den
Spronser Seen, zur Texelgruppe oder
gemütlicher Abstieg mit Blick über
Meran und das Etschtal. ■ Haslachstr.
64, Tel. 04 73/92 34 80, www.seilbahn-

hochmuth.it, Mitte März–Mitte Nov. tgl. 7.30–18, Juli–Sept. bis 19 Uhr, Mitte Nov.–Mitte März eingeschränkt, Auskunft Mobil 339/138 87 80, Einzelfahrt 8 €, Berg- und Talfahrt 11 €, erm. 7 € bzw. 9 €

 Restaurant

€ | **Törggelekeller** Südtiroler Grill-, Wild-, Nudel- und Törggele-Spezialitäten. Haslachstr. 16, Mobil 335/543 06 02, Anf. April–Ende Nov. Mo–Sa 17–24 Uhr

36 Passeiertal
Val Passiria

Weinland und Bergwelt in Andreas Hofers Heimattal

 Information

Tourismusverein Passeiertal, Passeirerstr. 40, 39015 St. Leonhard, Tel. 04 73/65 61 88, www.passeiertal.it
Vom Meraner Becken bis zu den Dreitausendern der Ötztaler Alpen verläuft das Passeiertal. Die Ortschaften spiegeln diese Vielfalt wider. Riffian und Saltaus locken mit Weindorf-Charme und Sonnenterrassen, das mittelalterliche St. Martin im Äußeren Passeier mit Zunfthäusern und bemalten Fassaden.

Hier endet der Obstbau, es wird gebirgiger. Schildhöfe liegen an steilen Hängen, Ziegen weiden auf sonnigen Almen. Dies ist die Heimat des Tiroler »Nationalhelden« Andreas Hofer.
Bei St. Leonhard zweigt der Weg über den Jaufenpass (2094 m) nach Sterzing ab. Moos im Hinterpasseier zieht Wanderer und Kletterer an, auch dank Zugang zum ruhigen Pfelderer Tal und Naturpark Texelgruppe. Im zunehmend engen Haupttal steigt die Straße an zum Timmelsjoch (2474 m), dem Übergang ins österreichische Ötztal.

 Sehenswert

Museum Passeier
| Museum |

Im Sandhof, dem Geburtsort von Andreas Hofer, steht der Tiroler »Volksheld« im Mittelpunkt. Die Ausstellung »Helden & Wir« spannt den Bogen von seiner Zeit in die Gegenwart. Der Freilichtbereich samt Herz-Jesu-Kapelle veranschaulicht das frühere bäuerliche Leben im Passeier.

Passeirerstr. 72 (SS44 zw. St. Martin und St. Leonhard), Tel. 04 73/65 90 86, www.museum.passeier.it, Mitte März–Anf. Nov. Di–So, Aug.–Sept. tgl. 10–18 Uhr, 8 €, erm. 7 €

Im Blickpunkt

Andreas Hofer – Vom Sandwirt zum Soldatenführer

Andreas Hofer, 1767 als Gastwirtssohn im Passeiertal geboren, gilt als Freiheitskämpfer. Unter seiner Führung stellten sich seine Landsleute im Tiroler Volksaufstand 1809 Napoleons französisch-bayerischen Truppen entgegen. Eine wichtige Rolle spielte dabei freilich auch die Wahrung kirchlicher, standesrechtlicher und regionaler Privilegien. Drei Mal waren die Tiroler am Bergisel siegreich, dann scheiterte ihr Widerstand. Oberkommandant Andreas Hofer musste mit seiner Familie fliehen, wurde aber verraten und 1810 in Mantua hingerichtet.

Modern präsentiert das Museum Passeier seine Dauerausstellung zum Thema Helden

Bunker Mooseum

| Museum |

Zeitgeschichtliche Ausstellung in einem Bunker-Rohbau aus dem Zweiten Weltkrieg, als Mussolini sein faschistisches Italien mit einem Alpenwall am Timmelsjoch schützen wollte. Im Museum außerdem angesiedelt ist eine Infostelle des Naturparks Texelgruppe.

■ Dorf 29 a, Moos in Passeier, Tel. 04 73/ 64 85 29, www.museum.hinterpasseier.it, Anf. April–Okt. Di–So 10–18 Uhr, 6 €, erm. 5 €, Infostelle März–Nov. Di–So 10–16 Uhr

 Verkehrsmittel

Hirzer Seilbahn Saltaus–Mittelstation Prenn (Wandergebiet Tall-Hirzer)–Bergstation Klammeben (1980 m). ■ Passeirerstr. 2, Saltaus, Tel. 04 73/ 64 54 98, www.hirzer.info, Mitte Juni–

Sept. tgl. 8.30–18.30, Okt.–Anf. Nov. bis 17.30 Uhr, Einzelfahrt 12,50 €, Berg- und Talfahrt 18 €, erm. 10,50 € bzw. 16 €, Gleitschirme und Fahrräder kosten extra

SAD-Bus 240 Meran–Passeier Die Linie verläuft durch das gesamte Tal

ADAC *Mittendrin*

Anlässlich der abgeschlossenen Wein-Nachlese feiern die Riffianer Anfang September mit so vielen Gästen wie möglich ihr **Herbstfest**. Der Wein fließt in Strömen, und jeder Besucher will ein Stück von dem traditionellen meterlangen Apfelstrudel kosten. Und dann gibt es noch die Gebirgsschützen, Schneebergerknappen und Schuhplattler, die Musikkapellen, das Festzelt, den bunten Umzug, die Kinderecke und vieles mehr.

ADAC *Mobil*

Die **Timmelsjochstraße** ist nur Mitte Juni–Mitte Okt. geöffnet, aber auch dann sind auf italienischer Seite keine Gespanne, Busse und Lkw zugelassen.

mit Halt u.a in St. Leonhard, St. Martin und Riffian, im Sommer tagsüber im 30-Minuten-Takt. ■ www.sii.bz.it

Restaurant

€€ | **Gasthof Lamm Mitterwirt** Genuss mit Heuknödel oder Sonntagsbraten. ■ Dorfstr. 36, St. Martin in Passeier, Tel. 04 73/64 12 40, www.gasthaus-lamm.it. Di–Sa, So nur mittags

Einkaufen

Privatbrennerei Wezl Edelbrände, Grappa und Schokolade. ■ Jaufenstr. 37, Riffian, Tel. 04 73/24 10 75, www.wezl.it, Mo–Sa 8–16/17 Uhr

Sport

Passeirer Radweg 20 km langer Rad-, Fuß- und Reitweg entlang der Passer zwischen Meran und St. Leonhard in Passeier. ■ www.bikemeran.it

37 Partschins
Parcines

Erholungszentrum vor den Toren von Meran im Süden der Texelgruppe

Information

■ Tourismusverein Partschins, Rabland und Töll, Spaureggstr. 10, 39020 Partschins, Tel. 04 73/96 11 57, www.partschins.com

6 km westlich von Meran zeigt sich Partschins im Zentrum als hübsches Weindorf mit historischen Häusern und Ansitzen entlang enger Gassen. Es ist umgeben von modernen Randbezirken und einem vielfältigen Erholungsgebiet. So gilt die Gemeinde mit den Ortsteilen Rabland und Töll als Pforte zum Naturpark Texelgruppe, der sich im Norden erstreckt.

Die Texelbahn bringt Spaziergänger und Wanderer zu aussichtsreichen Waal- und Panoramawegen wie etwa dem Meraner Höhenweg oder als Abzweig auf dem Weg Nr. 8 ins wildromantische Zieltal. Bekannt ist auch der Partschiner Wasserfall, mit 97 m Fallhöhe einer der höchsten in den Alpen. Trailrunner, Mountainbiker und Gleitschirmflieger kommen ebenfalls auf ihre Kosten.

Sehenswert

Schreibmaschinenmuseum Peter Mitterhofer
| Museum |

Die Werkstatt des Tüftlers Mitterhofer von 1864 und sein erstes Schreibmaschinenmodell im Nachbau sind

ADAC *Wussten Sie schon?*

… dass der Partschinser Zimmermann und Tüftler Peter Mitterhofer (1822–93) die **Schreibmaschine** erfand? 1866 stellte er sein drittes Modell Kaiser Franz Joseph in Wien vor. Da die »Schrift immer gleich schön« und »für Jedermann leserlich« sei, eigne sich sein Apparat besonders für Diplomaten, Notare, Schriftsteller sowie »zum Gebrauche ambulanter Feldkanzleien«.

Traumhafte Ausblicke begleiten Wanderer auf dem Meraner Höhenweg

ebenso vertreten wie die Chiffriermaschine »Enigma« und Musiknotenschreibmaschinen. Weitere Kuriositäten und Kostbarkeiten bietet das Schaudepot.

▨ Kirchplatz 10, Tel. 04 73/96 75 81, www.typewritermuseum.com, April–Okt. Di–Sa 10–12 und Mo–Fr 14–18, Nov.–März Di 10–12 Uhr, 7 €, erm. 6,30 €

 Verkehrsmittel

Texelbahn Pendelbahn auf den Giggelberg. Oben stehen schöne Wanderungen zur Auswahl, etwa durch das Zieltal zur Lodnerhütte, über den Meraner Höhenweg zur Leiteralm oder auch in einer Viertelstunde bergab zum Partschinser Wasserfall. Eigener Pfad für Trailrunner. ▨ Zielstr. 11, Partschins-Rabland, Tel. 04 73/96

82 95, www.texelbahn.com, Mit März–Mai und Okt. tgl. 8–18, Juni–Sept. 8–19, Do und So ab 7 Uhr, Einzelfahrt 9 €, Berg- und Talfahrt 13,50 €

🚶 **Wandern**

Meraner Höhenweg Passeiertal, Meraner Talkessel, Schnalstal, Kalmtal – der bekannte und beliebte Höhenweg Nr. 24 verläuft fast 100 km rund um die Texelgruppe. Der Lohn all dieser Mühe sind grandiose Bergerlebnisse. Rastplätze finden sich unterwegs reichlich in Berggasthöfen und Almhütten. Der Weg kann auch bequem in Etappen gegangen werden, die Einstiege von diversen Startpunkten sind mit Seilbahnen oder Linienbussen gut erreichbar. ▨ www.meraner-hoehenweg.com

38 Naturns
Naturno

Berühmte Kapellenfresken zeigen einen Heiligen auf der Flucht

ℹ Information

■ Tourismusverein Naturns, Rathausstr. 1, 39025 Naturns, Tel. 04 73/66 60 77, www.naturns.it

Geografisch gesehen gehört der lebendige Luftkurort mit seinen knapp 6000 Einwohnern zum Vinschgau, verwaltungstechnisch aber zum Burggrafenamt und damit zu Meran. Das ist den Urlaubsgästen allerdings meist einerlei. Sie genießen Sonne, mildes Klima und die Freizeitmöglichkeiten, die Erlebnisbad, Wanderwege, MTB-Single Trails und überhaupt die Berge

Die Fresken aus dem 8. Jh. in St. Prokulus zählen zu den bedeutendsten Wandmalereien in Mitteleuropa

hier bieten. Das sind die Texelgruppe samt Naturpark im Norden und der Vinschgauer Sonnenberg im Süden. Ebenfalls großartig sind Naturns Kirchenschätze, zu denen übrigens auch ein wenig bekanntes meterhohes Gemälde von Karl Plattner in der Friedhofskapelle gehört.

👁 Sehenswert

St. Prokulus
| Fresken |

 Künstler des 8. Jh. malten einen Mann auf der Schaukel

Rund 1400 Jahre alt ist das von außen eher unscheinbare Kirchlein St. Prokulus. An seiner rechten Innenwand sind neben gotischen Wandmalereien einzigartige Fresken aus vorkarolingischer Zeit mit byzantinischen und keltischen Elementen erhalten, die ältesten im deutschen Sprachraum. Bekannt ist insbesondere das Bild des hl. Prokulus, das für uns aussieht, als würde er schaukeln. Tatsächlich ist seine Flucht vor heidnischen Verfolgern über die Stadtmauer von Jerusalem dargestellt. An der südlichen Außenwand ist unter dem stark vorkragenden Dach die biblische Schöpfungsgeschichte zu sehen.

■ St. Prokulusstr., Tel. 04 73/66 73 12, April–Anf. Nov. Di–So 9.30–12, 14.30–17.30, Führungen 10 und 15 Uhr, Kirche und Museum 6 €

Prokulus-Museum
| Museum |

In dem modernen, unterirdisch angelegten Museum erläutern vier multimediale Stationen die Welt der Spätantike, des Früh- und Spätmittelalters sowie der frühen Neuzeit. Ebenfalls zu sehen sind archäologische

Funde aus der Region sowie die gotischen Fresken, die beim Freilegen der vorkarolingischen Wandmalereien in der Kirche abgelöst worden waren.

■ St. Prokulusstr. (gegenüber der St.-Prokulus-Kirche), Tel. 04 73/67 31 39, www.prokulus.org, April–Anf. Nov. Di–So 10–12.30, 14.30–17.30 Uhr, 4,50 €, erm. 2,50 €, Kirche und Museum 6 €

Friedhofskapelle
| Fresko |

Die Friedhofskapelle ziert ein meterhohes Gemälde von Karl Plattner (1919–86). Der für seinen eigenwilligen Stil bekannte Südtiroler Maler und Grafiker hatte es 1951 ursprünglich für die Gemeinde Naturns als Kriegerdenkmal geschaffen. Die Auftraggeber waren nicht zufrieden, das Bild zeigte wohl für den Zeitgeschmack zu viele trauernde Mütter und zu wenig Ehre. So wurde das Werk längere Zeit verwahrt und sogar mutwillig beschädigt, bevor es nun hier einen würdevollen Platz fand.

■ St. Prokulusstr. (unterhalb neben dem Prokulus-Museum), tgl. 6–22 Uhr

 Parken

Große Parkplätze an der Hauptstraße, für St. Prokulus am besten vor dem Friedhof, beim Rondell am östlichen Ortseingang.

 Restaurant

€€€ | **Wiedenplatzerkeller** Feine Südtiroler Küche auf Sonnenterrasse mit Aussicht oder im rustikalen Gewölbekeller. Reservierung empfohlen. ■ St. Prokulusstr. 59 (jenseits der SS38), Tel. 04 73/67 32 80, www.restaurant-naturns. com, tgl. 9–24 Uhr

ADAC Mobil

Sehr praktisch für Urlauber, die auf Südtirols Straßen unterwegs sind, ist der kostenlose und stets aktuelle **Verkehrsbericht** der Bozener Landesverkehrsmeldezentrale: online unter www.provinz.bz.it/verkehr, als RSS-Feed oder in der Smartphone-Version unter www.provinz.bz.it/m/de/vmz.asp

 Wandern

Erlebniswelt Naturnser Sonnenberg Wandergebiet im Naturpark Texelgruppe mit fantastischen Ausblicken, z.B. Archäologischer Wanderweg A7. Spektakuläre, 16 m weit vorkragende Aussichtsplattform nahe der Bergstation. ■ Seilbahn Unterstell, Sonnenberg 46, Talstation Naturns-Kompatsch, Tel. 04 73/66 84 18, www.unterstell.it, Ende März–Mitte Nov. tgl. 8–19, sonst 8–17 Uhr, einfache Fahrt ab 9 €, Berg- und Talfahrt 13,50 €

 In der Umgebung

Plauser Totentanz
| Moderne Fresken |

 Wo der Tod Motorrad fährt und alle Welt zum Tanz einlädt

Für den Totentanz-Zyklus an der Friedhofsmauer von St. Ulrich schuf 2001 der Marlinger Maler Luis Stefan Stecher 18 Bilder (heute noch 14), auf denen unter gereimten Dialekt-Sinnsprüchen Gevatter Tod zu sehen ist. Auf einem fährt er samt Sense auf dem Motorrad mit, er tritt auf als Trommler, Tänzer, Tischgenosse. Er ist überall dabei – und doch kann man lesen: »Heargott isch dess Lebm schian – lai schianr nou weards aufrstian«.

■ Dorf 1, Plaus, 3 km östl. von Naturns

Übernachten

Der Luftkurort Meran kennt sich aus mit Gästen; Hotels und Pensionen gibt es hier in jeder Lage und für jeden Anspruch. Die südliche Sonne scheint aber auch über all die Vorstädte und groß gewordenen Dörfer ringsum, die von Tisens über Lana und Dorf Tirol bis Naturns der zweitgrößten Stadt Südtirols in Sachen Willkommenskultur durchaus Konkurrenz machen. Zu einem wahren Touristenzentrum ist Schenna herangewachsen, wo Erholungs- und Aktivurlauber Unterkünfte jeglicher Art von Ferienwohnungen bis zum Luxushotel finden. Irgendein Zimmer findet man in der Region immer, wer etwas Besonderes sucht, sollte frühzeitig reservieren.

Terlan 82

€ | Hafner Rosengarten Wohnliche Apartments und hübsche Zimmer mit sonnigem Garten und in ruhiger Lage. Kostenloser Fahrradverleih, Möglichkeit zu Lymphdrainage, Fußreflexzonen- oder Klangschalenmassage im Haus. ■ Perglweg 20, 39018 Terlan, Tel. 04 71/25 74 96, www. hafner-rosengarten.com

20 **€–€€ | Burg Wolfsthurn** Baron und Baronin Kripp betreiben biologische Landwirtschaft und vermieten zwei schöne stimmungsvolle Ferienwohnungen in ihrer restaurierten Wohnburg auf der aussichtsreichen Anhöhe über dem Dorf Andrian. ■ Bindergasse 19, 39010 Andrian, Tel. 04 71/51 00 71, www. burgwolfsthurn.it

Ultental 86

€€ | Gasthof Eggwirt Traditionelle Gastlichkeit, in Ausstattung und Komfort modern interpretiert. TV auf Wunsch. ■ Hauptstr. (an der scharfen Kurve), 39016 St. Walburg, Ulten, Tel. 04 73/79 53 19, www.eggwirt.it

Meran 88

€€ | Chalet Hafling Denkmalgeschütztes Chalet für sechs Personen, Natursauna, großer, sehr schöner Garten mit Kartenspielhäuschen, Obst und Beeren zum Selbstpflücken. ■ Falzebenerstr. 51, 39010 Hafling, Mobil 339/229 89 49, www.chalet-hafling.it

€€ | Paradies Kleines, bodenständiges Hotel für Genießer, sehr gute Küche und Wein aus kleinen Winzereien der Region. ■ Max-Valier-Str. 6, 39020 Marling, Tel. 04 73/44 52 02, www.hotel-paradies.com

€€ | Residence Aqualis Helle, familienfreundliche Apartments mit großen Balkonen, dazu Pool, Sauna, große Sonnenterrasse. Haustiere erlaubt. ■ St.-Felix-Weg 30, 39020 Marling, Tel. 04 73/44 71 70, www.residence-aqualis.com

€€ | Sonnenhof Moderne, stilvolle Hotelzimmer mit Halbpension in historischer Villa am Hang, der gepflegte Parkgarten des Hauses ist ausreichend groß für Pool und Seerosenteich. ■ Leichtergasse 3, 39012 Meran, Tel. 04 73/24 11 25, www.sonnenhof-meran.com

€€ | **Zima** Angenehmes, familiär geführtes Hotel garni im Villenviertel am Ostrand von Meran zwischen der Therme Meran und den Trauttmansdorffer Gärten. ◼ Winkelweg 83, 39012 Meran, Tel. 04 73/23 04 08, www.hotel zima.com

€€–€€€ | **Bavaria** Hinter der stattlichen Gründerzeitfassade am unteren Talhang der Passer heißt ein modernes Hotel seine Gäste willkommen. Unterschiedlich große Zimmer, südlicher Garten, Terrasse. ◼ Kirchsteig 15, 39012 Meran, Tel. 04 73/23 63 75, www.bavaria.it

€€–€€€ | **Brunner** Familiäres, komfortables, barrierefreies Hotel mit sehr guter Küche, Saunabereich, Whirlpool und Panoramablick. ◼ Hinterdorferweg 14, 39010 Hafling, Tel. 04 73/27 94 84, www.hotel-brunner.com

Schenna 93

€€ | **Christophs Hotel** Großzügige Zimmer in familiengeführtem Haus in zentraler Lage. Kleines Spa im Souterrain. ◼ Schennaerstr. 2, 39017 Schenna, Tel. 04 73/94 58 77, www.christophs hotel-schenna.com

€€ | **Gurterhof** Sehr gepflegtes, mit 14 Zimmern kleines Hotel mit modernen, geräumigen Bädern und bester Küche. Etwas außerhalb des Ortes, dafür schöner Blick ins Tal und ein Pool mitten im Obstgarten. ◼ St. Georgenstr. 38, 39017 Schenna, Tel. 04 72/94 57 33, www.gurterhof.com

Dorf Tirol 94

€–€€ | **Leimerhof** Angenehme Pension mitten im Ort bietet Zimmer und Apartments. Kleines Hallenbad, gute Küche. ◼ Hauptstr. 20, 39019 Dorf Tirol, Tel. 04 72/92 35 31, www.leimerhof.it

Passeiertal 96

€€ | **Gasthof Hotel Kreuz** Familiengeführtes Haus am Sonnenhang. Eigentlich sind es ja zwei Häuser: eines mit historischer Gaststube (Zimmer mit Halbpension), nebenan mit Frei- und Hallenbad. ◼ Jaufenstr. 25, 39010 Riffian, Tel. 04 73/24 11 25, www.hotel-kreuz.com, Anf. April–Anf. Nov.

€€ | **Martinerhof Brauhotel** Angenehme Zimmer, zentral im Ort, beliebt sowohl bei Ruhesuchenden als auch bei aktiven Urlaubern. Das »Bier-Erlebnis-Hotel« bietet außerdem Hausbrauerei, Bar und Wirtschaft. ◼ Jaufenstr. 15, 39010 St. Martin in Passeier, Tel. 04 73/64 12 26, www.martinerhof.it

Partschins 98

€€–€€€ | **Klein Fein Hotel Anderlahn** Geräumige Zimmer und Suiten, die Turmsuite auf zwei Etagen. Lauschiger Garten, Innen- und Außenpool, ¾-Pension. ◼ Kleinkarlbacherstr. 5, 39020 Partschins, Tel. 04 73/96 72 97, www.anderlahn.com

Naturns 100

€€ | **Schönblick** Der Name ist Programm: Oberhalb des Städtchens am Sonnenhang gelegen, bietet das ruhige Hotel talseitig einen grandiosen Ausblick. ◼ Schlossweg 11, 39025 Naturns, Tel. 04 72/67 30 09, www.schoen blickhotel.it

€€–€€€ | **Nocturnes** Gepflegtes Hotel in ausflugsgünstiger Lage. Die Südbalkone der Zimmer erlauben eine unübertreffliche Aussicht über Städtchen und Natur. Gutes Restaurant im Haus. ◼ Schlossweg 5, 39025 Naturns, Tel. 04 73/66 70 55, www.nocturnes.it

Vinschgau – Südtirols herb-schöner Westen

Sonniges Urlaubsidyll für aktive Naturliebhaber und für Kultur-reisende zwischen Ortler und Obstgärten, Reschensee und Romanik

Das Vinschgau ist von der Sonne ver-wöhnt und bekannt für Obstbau, Kir-chenschätze, Waalwege, Wander- und Skigebiete. Das sind insbesondere der Alpenhauptkamm mit Ötztaler Alpen und Silvrettagruppe sowie die Ort-ler-Cevedale-Gruppe um den Ortler, den höchsten Berg Südtirols.

Oberhalb des Reschensees entspringt die Etsch und fließt, vorbei an regio-naltypischen sanfthügeligen Muren-kegeln, ostwärts Richtung Meran. Ihr folgte jahrhundertelang die uralte Handelsstraße, die die Römer Via Clau-dia Augusta nannten, mit Zubringern über den Reschenpass und das Stilfser Joch. Der große Nationalpark Stilfser Joch ist ein wahres Paradies für Aktiv-urlauber jeder Art, inklusive Som-merski auf den Gletschern. Ruhiger geht es in den schmalen Seitentälern wie dem Langtauferer oder dem Mar-telltal zu. Beeindruckende Burgen und ehrwürdige Klöster beherrschen die

Hänge, groß gewordene Bauerndörfer drängen sich im Tal. Hier bezaubert das Vinschgau seine Urlaubsgäste vor allem im Frühjahr und Herbst zwi-schen Obstblüte und Törggelen.

In diesem Kapitel:

ADAC Top Tipps:

Spitalkirche zum Heiligen Geist
| Altar |

Kleine Kirche mit großartigem Altar: Der mittelalterliche Meister-schnitzer Jörg Lederer stellte eine berührende Vater-Sohn-Szene in den Mittelpunkt. 108

Churburg
| Museum |

Grafensitz als Inbegriff der Burgen- und Ritterromantik, ein bezaubernder Renaissancegang ergänzt Ahnensaal, Verlies und Waffensammlung. 114

ADAC Empfehlungen:

 Transhumanz
| Brauchtum |
Großes Hallo beim Schaftrieb über die Alpen ins benachbarte Österreich und wieder zurück.

 Gletscherskigebiet am Ortler
| Skigebiet |
Jede Art von Wintersport am Gletscher, auch im Sommer.

 Glurns
| Stadtbild |
Zeitkapsel-Städtchen: Mittelalter innerhalb intakter Wehrmauern.

Kloster Marienberg
| Kloster |
Unübertrefflicher Weitblick und romanische Fresken.

 Kirchturm im Reschensee
| Stausee |
Bittersüße Erinnerung an ein verlorenes Dorf.

39 Schnalstal
Val Senales

Schafe, Skifahren und zwei berühmte Männer aus den Bergen

 Information

■ Tourismusverein Schnalstal, Karthaus 42, 39020 Schnals, Tel. 04 73/67 91 48, www.schnalstal.com

Hoch hinauf führt das Schnalstal, von der Etsch nach Norden in die Ötztaler Alpen. Dabei rahmen seine steilen, teils bewaldeten Felshänge die Orte Katharinenberg, Karthaus, Unser Frau, Vernagt am See und ganz oben Kurzras. Schafweiden, Berge wie Texelspitzen und Similaun, ein Stausee und ein Gletscher bilden die vielfältige Kulisse der beliebten Wander- und Skiregion, dazu alte Bauerngehöfte, ehrwürdige Kirchen und ein immaterielles Welterbe.

 Sehenswert

Schloss Juval
| Museum |

Die schroffen Felswände am engen Talausgang krönt in rund 1000 m Höhe Schloss Juval. Die bestens restaurierte mittelalterliche Anlage ist Reinhold Messners Sommerwohnsitz und beherbergt auch sein Messner Mountain Museum (MMM) Juval. Die Ausstellung »Mythos Berg« illustriert hier die religiöse Dimension der Berge.

■ Juval 3, Kastelbell, Mobil 348/443 38 71, www.messner-mountain-museum.it, 4. So im März–Juni und Sept.–1. So im Nov., Do–Di 10–16 Uhr, nur mit Führung, Dauer ca. 1 Std., 9 €, erm. 8 €, Shuttle zum MMM ab Parkplatz an der SS 38

Kunst in der Kartause
| Galerie |

Das Dorf Karthaus entstand im und um das 1782 aufgelöste Karthäuserkloster Allerengelberg. Die Klostermauer ist erhalten. Ebenso der Kreuzgang, der sich im Sommer zur Galerie zeitgenössischer Südtiroler Künstlerinnen und Künstler wandelt.

■ Karthaus 100, Schnals, www.kulturverein-schnals.it, Mitte Juli–Ende Aug, Mo–Sa 14–18.30, So 10–12, 14–18.30 Uhr, Eintritt frei

ArcheoParc
| Freilichtmuseum |

Wie Ötzi vor rund 5300 Jahren lebte, zeigt ein archäologisches Aktiv-Museumsdorf unweit des Vernagt-Stausees. Es lädt u.a. in kurzen Workshops dazu ein, jungsteinzeitliche Technik selbst zu erproben: Brot backen, Bogenschießen, Feuer schlagen.

■ Unser Frau 163, Schnals, Tel. 04 73/67 60 20, www.archeoparc.it, Ostern–Allerheiligen tgl. 10–17 Uhr, 8 €, erm. 6 €, Ötzi Glacier Tour (Tagestour zur Ötzi-Fundstelle mit Bergführer) 100 €

Gefällt Ihnen das?

Dann kommen Sie **Ötzi** im Bozener **Archäologiemuseum** (S. 67) noch näher. Dort ist nämlich seine Original-Ausrüstung zu sehen und in einer Spezialkältekammer sogar sein mumifizierter Körper.

 Verkehrsmittel

Schnalstaler Gletscherbahn Kurzras (2011 m) – Skigebiet Schnalstal um den Hochjochferner (gut 3200 m), Teil der Ortler Skiarena. Ötzi-Showgalerie in der Bergstation Grawand (per Sessel-

Lämmer kommen beim Almabtrieb im Schnalstal bequem wieder hinunter ins Tal

lift). Kurzras 111, Schnals, Tel. 04 73/ 66 21 71, www.schnalstal.com, Bergfahrt 18 €, Berg- und Talfahrt 25 €, mit Sessellift 23 € bzw. 29,90 € (inkl. Eintritt ArcheoParc)

 Restaurants

€€ | **Gasthof Neuratheis** Südtiroler und italienische Spezialitäten in gemütlicher, eher kleiner Gaststube. Katharinenberg 40, Schnals, Tel. 04 73/ 67 91 35, www.neuratheis.com

🥄 **Events**

(21) »**Transhumanz**« heißt jede Form von Wanderweidewesen, doch nur die Südtiroler gehört seit 2011 zum immateriellen Unesco-Weltkulturerbe. Im oberen Schnalstal treiben Hirten Mitte Juni von Kurzras aus um die 2000 Schafe in zwei Tagen über das Niederjoch auf die Hochweiden des Venter Tals im hinteren Ötztal. Ein zweiter Zug trifft von Passeier her über das Timmelsjoch ein. Ende September kehren die Herden zurück. Der Weg ist gefährlich, die sichere Rückkehr in Kurzras und die anschließende »Schofschoad«, also das Scheiden der Schafe nach ihren Besitzern, werden mit Geschichten über den vergangenen Sommer, mit Musik, Essen und Trinken ausgiebig gefeiert. Weitere Südtiroler Viehtriebe finden im Obervinschgauer Langtauferer Tal (Schafe) und im Suldental (Reinhold Messners Yaks) statt.

 Wandern

Schnalser Waalweg Über 11 km führt dieser leicht zu gehende, breite Weg von Katharinenberg über Schloss Juval bis Tschars.

40 Latsch
Laces

Meisterhafter Schnitzaltar und
Erdbeertal im Nationalpark

 Information

■ Tourismusverein Latsch-Martell,
Hauptstr. 38a, 39021 Latsch, Tel. 04 73/
62 31 09, www.latsch-martell.it

Apfelplantagen und Weingärten umgeben das Straßendorf. Entlang der
gewundenen Hauptstraße, früher ein
Abschnitt der Via Claudia Augusta,
vermitteln historische Wohnhäuser,
kleine Läden und mehrere Kirchen ein
beschauliches Bild.
Trotz Langlauf- und Biathlon-Zentrum
ebenfalls ruhig ist es im Martelltal.

Direkt an der schmalen Talstraße beginnen Wanderwege, in 900–1800 m
wachsen aromatische Erdbeeren, und
der von Ortlerbergen gerahmte Zu-
fritt-Stausee am Talende gehört bereits zum Nationalpark Stilfser Joch.

 Sehenswert

Spitalkirche zum Hl. Geist
| Altar |

9 *Die menschliche Seite: Ein Gott-*
könig trauert um seinen Sohn
Mehrere Meter hoch ist der Jörg--
Lederer-Altar in der kleinen gotischen
Spitalkirche zum Hl. Geist. Im Zentrum
des Flügelaltars (1517) hält vor gol-
denem Hintergrund ein anrührend
lebensnah als König dargestellter
Gottvater voll Mitleid seinen toten
Menschensohn in den Armen. Die

Der Jörg-Lederer-Altar aus dem 16. Jh. in Latsch ist ein einzigartiger Kirchenschatz

Altarflügel zeigen Heilige sowie Szenen aus dem Leben Mariens und Jesu. Eher störend wirken dagegen die jüngeren Wandmalereien und die beiden barocken Seitenaltäre.

■ Hauptstr. 57 (neben Altenheim), 1 €, kleiner Parkplatz schräg gegenüber an der Hauptstraße, Kircheneingang befindet sich rückwärtig

culturamartell
| Museum |

Eines von fünf Häusern des Nationalparks Stilfser Joch. Thema in dem holzverkleideten Quader ist »Heimat«.

■ Trattla 246, Martell, Tel. 04 73/74 50 27, www.culturamartell.com, Mai–Okt. 9.30–12.30, 14.30–18, Juli–Aug. auch So 14.30–18 Uhr, 3 €, erm. 2 €

 Parken

Geschotterte Parkplätze im Martelltal entlang der Straße, etwa bei Gasthöfen, Wanderwegen, beim Wallfahrtskirchlein Maria im Schmelz.

 Restaurants

€€–€€€ | Burgauner Hof Gastfreundliche Einkehr im Wanderhotel an der Talstraße, Mitglied bei Slow Food und im Lebensmittelbündnis Martelltal.

■ Ennewasser 196, Martell, Tel. 04 73/74 45 30, www.burgaunerhof.com

 **Sport**

Sport- und Freizeitanlage Trattla Große Kletterhalle, Kegelbahn, Minigolf, Tennisplatz, Kinderspielplatz, Fischteich und Café-Bar.■ Trattla-Ennewasser 246 (neben culturamartell und Erdbeerwelt der lokalen Erzeugergenossenschaft), Martell

 Wandern

Latscher Waalweg Latsch–Schloss Kastelbell. ■ 5 km einfach, 40 Hm, www.schloss-kastelbell.com

41 Schlanders
Silandro

Marmor in den Bergen, Geschäfte in der Stadt – der Besuch lohnt gleichermaßen

 Information

■ Tourismusverein Schlanders-Laas, Kapuzinerstr. 10, 39028 Schlanders, Tel. 04 73/73 01 55, www.schlanders-laas.it

Der charmante Hauptort des Vinschgaus präsentiert sich in seinem verwinkelten Kern als einladende Einkaufsoase. Kleine Läden und Café-Bars säumen die Pflastergassen der autofreien Fußgängerzone. Etwas oberhalb liegen die Pfarrkirche Maria Himmelfahrt mit dem höchsten (90 m) und »spitzesten Kirchturm« Südtirols sowie die schmucke Schlandersburg mit Arkadenhof und Menhirausstellung. Bewaldete Hänge ringsum begeistern Wanderer und Mountainbiker. Viel genutzt werden z.B. der Ilswaal am Sonnenberg nach St. Ägidius in Kortsch, der Zaalwaal gen Allitz oder die Marmorwege in Göflan und Laas.

 Sehenswert

Avimundus
| Museum |

Die Welt der Vögel vom Archaeopteryx bis hin zu den Zugvögeln stellt dieses kleinste der fünf Nationalparkhäuser des Stilfser Jochs vor.

■ Kapuzinerstr. 2, Tel. 04 73/73 01 56, www.stelviopark.bz.it, Mai–Okt. Di–Sa 10–12, 15–18 Uhr, 1 €

 Restaurants

€€ | **Rosenwirt** Beliebtes Hotelrestaurant dank preisgekröntem Küchenteam. ■ Hauptstr. 73, Tel. 04 73/73 02 18, www.hotel-goldenerose.it, Mo–Sa 7.30–24, Küche 12–14, 18–21 Uhr

€€ | **Vinschgerhof** Traditionelle Südtiroler trifft leichte mediterrane Küche. ■ Alte Vinschger Str. 1, Schlanders-Vetzan, Tel. 04 73/74 21 13, www.vinschgerhof.com, Ende März–Mitte Nov. Di–So 12–14, 18.30–21 Uhr

 Einkaufen

Bikeman Kauf- und Leihräder sowie sämtliches Zubehör. ■ Dr. H.-Vögele-Str. 7/d, Tel. 04 73/73 23 87, www.bikeman.it, Di–Fr 9–12, 15–18.30, Sa bis 18 Uhr

Leggeri Speck aus eigener Herstellung, Weidelamm, aber auch Sauerkraut und Schnaps. ■ Hauptstr. 109, www.metzgerei-leggeri.it, Mo–Fr 8–12, 15–19, Sa 8–12 Uhr

Weineggele Regionale Weine, internationale Biere, Sekt und exquisite Häppchen. ■ Hauptstr. 38/c, Tel. 04 73/73 05 39, Do–So 10–13, 16–22 Uhr

 Wandern

Göflaner Marmorweg Anspruchsvoller Themenweg über 7 km und rund 670 Hm im Nationalpark Stilfser Joch, Einkehr auf der Göflaner Alm. ■ Parken beim Haslhof auf dem Nördersberg

Köstenwaal Einfacher, 2 km langer Weg über 50 Hm hinauf zur Sonnenpromenade im Nordosten, großartiger Ausblick.

 In der Umgebung

Laas (Lasa)
| Marmordorf |
Fensterstürze, Grabsteine, Statuen, Denkmäler, Straßenpflaster, Gartengestaltung … Ganz in Weiß präsentiert sich Südtirols »Marmordorf«. Der hier abgebaute Stein ist besonders hart und wetterfest. Seit Mitte des 19. Jh. bringt die Marmorbahn mit Schrägaufzug Blöcke des »weißen Goldes« ins Tal.

ADAC *Wussten Sie schon?*

… dass die von Santiago Calatrava entworfene und 2016 eröffnete Haltestelle World Trade Center/PATH-Station am Ground Zero in New York vollständig mit **Laaser Marmor** verkleidet ist?

 Erlebnisse

Marmorplus Genossenschaftlich organisierte Touren rund um das »weiße Gold« von Laas. Zur 2-stündigen Marmorführung z.B. gehören Einführungsfilm, Kunst und Handwerk in der Laaser Marmorwelt, Werkbesichtigung von Lasa Marmo und Baubeispiele im Marmordorf selbst, etwa in der Dorfkirche. ■ Treffpunkt Bahnhof Laas, Mobil 347/409 54 04, www.marmorplus.it, Anf. April–Mitte Nov., Mo, Mi, Fr 13.45, Di, Do, Fr 10.30 Uhr, 8 €, Kinder bis 12 J. 3 €

 Events

Marmor & Marillen Straßenfest für Vinschger Marille und lokalen Marmor. ■ Laas, www.marmorundmarillen.com, 1. Wochenende im August

Das Nationalparkhaus aquaprad stellt die Vielfalt der heimischen Fischfauna vor

42 Trafoier Tal
Val di Trafoi

Über Hochgebirgstälern ragen die Bergriesen des Ortlers auf

 Information

▨ Touristeninformation Prad, Kreuzweg 4c, 39026 Prad am Stilfser Joch, Tel. 04 73/61 60 34, www.prad.it
■ Ferienregion Ortler im Nationalpark Stilfserjoch, Hauptstr. 72, 39029 Sulden, Tel. 04 73/61 30 15, www.ortler.it

Prad liegt relativ eben vor dem Eingang des Trafoier Tals und ist mit knapp 3500 Einwohnern dessen größte Gemeinde. Die weiter oben gelegenen Dörfer Gomagoi, Stilfs und Trafoi haben in dem engen, waldreichen Tal weit weniger Platz. Trotzdem herrscht hier das ganze Jahr über reger Verkehr. Wanderer und Bergsteiger zieht es in den Nationalpark Stilfser Joch, Motorradfahrer auf die Passstraße über Stilfser Joch und den Schweizer Umbrailpass.

Bei Gomagoi zweigt außerdem das Suldental ab, an dessen Ende das Bergdorf Sulden in 1900 m Höhe ein betriebsames Zentrum des Ganzjahres-Tourismus ist. Kein Wunder, lockt doch ringsum das überwältigende Ortlermassiv, u.a. mit den Skigebieten Sulden und Madritsch der Ortler-Skiarena.

◉ **Sehenswert**

aquaprad
| Museum |
In diesem Nationalparkhaus dreht sich alles um Wasser. Die in zwölf Aquarien

In spektakulären Spitzkehren schlängelt sich die SS 38 über das Stilfser Joch

vorgestellten Lebensräume umfassen Gebirgsbäche ebenso wie Auwaldtümpel oder Moore.

■ Kreuzweg 4/c, Prad am Stilfs, Tel. 04 73/61 82 12, www.aquaprad.com, Di–Fr 9.30–12.30, 14.30–18 Uhr, 6 €, erm. 5,40 €

naturatrafoi
| Ausstellung |

Ganz oben, bei den letzten Häusern vor den schneebedeckten Ortlergipfeln und dem Stilfser Joch, stellt das Naturparkhaus das »Leben an der Grenze« vor. Gestein, Pflanzen, Tiere, dazu ein Spitzenblick auf den Ortler.

■ Trafoi 57, Stilfs, Tel. 04 73/61 20 31, www.naturatrafoi.com, 27. Dez.–März Di–Sa 9.30–12.30, 14.30–17.30, Mai–Okt. bis 18, Juli–Aug. auch So 14.30–18 Uhr, 3 €, erm. 2,70 €

Nationalpark Stilfser Joch
| Natur |

Mit fast 135 000 ha ist der provinzübergreifende Nationalpark eines der größten Naturschutzgebiete Europas.

Alle alpinen Klimazonen sind vertreten, von Talgründen über Bergwälder und Almen bis zum Hochgebirge. Highlight ist das vielfach vergletscherte Ortlermassiv mit dem 3905 m hohen »König Ortler«. Insgesamt zehn Nationalparkhäuser erklären die vielfältige Flora und Fauna des Parks, die vier im Vinschgau handeln von Wasser, Vögeln sowie vom Leben von Bergbauern und in Grenzregionen. Eine Besonderheit ist die 1825 eröffnete Strada Statale 38 dello Stelvio in 87 Kehren über das Stilfser Joch (2757 m).

■ Amt für den Nationalpark Stilfserjoch, Rathausplatz 1, Glurns, Tel. 04 73/83 04 30, www.stelviopark.bz.it

Gletscherskigebiet am Ortler
| Skigebiet |

 Auf dem Gletscher lockt das weiße Pracht das ganze Jahr über

Viele Wege führen auf den Ortlergletscher und seine 14 Dreitausender. Wintersportler bevorzugen Okt.–Anf. Mai die Lifte und Bahnen ab Sulden oder

Trafoi. Im Sommer (Mai–Nov.) zieht es Freunde jeglichen Schneesports zu den Pisten und Schneewegen am Stilfser Joch, am Monte Cristallo etwa in 2750–3450 m Höhe. Hier wie dort kann man nach Herzenslust Alpinski- und Langlaufen, Snowboarden, Rodeln, Schneeschuhwandern, Eisklettern und bei passender Witterung Skitouren gehen. Nicht zu verwechseln ist das Ortler-Gletscherskigebiet übrigens mit dem »Skiverbund Ortler Skiarena«, in dem 15 Skigebiete zusammengefasst sind, neben denen am Ortler auch so entfernte wie Meran 2000 oder Ladurns nahe Sterzing.

▨ Ortler-Schneetel. 03 42/90 32 32, www. ortlergebiet.it, www.ortlerskiarena.com

Messner Mountain Museum Ortles
| Museum |

Vorsicht, in diese künstliche »Gletscherspalte« unbedingt eine Jacke mitnehmen, drinnen kriecht die Kälte in die Knochen. Der Effekt ist beabsichtigt, in Reinhold Messners viertem Museum geht es um Eis: Schrecken, Schönheit, Polarregionen und der »dritte Pol« – der Mount Everest.

▨ Forststr. 55, Sulden, Tel. 04 73/61 35 77, www.messner-mountain-museum.it, Ende März–Anf. Okt. Do–Di 14–18, Juli–Aug. 13–19 Uhr, 7 €, erm. 6 €

 Verkehrsmittel

Seilbahnen Sulden am Ortler Gondel- und Sessellifte ab Sulden und Trafoi, z.B. Sulden–Schaubachhütte (unterhalb Madritschhütte) und Trafoi–Sommerskigebiet Stilfser Joch. ▨ Tel. 04 73/61 30 47, www.seilbahnensulden.it, Ende Okt.–1. Mai, Ende Juni–Anf. Okt. tgl. 8.30–12.45, 14–17 Uhr, einfach 14,50 €, erm. 13 €, Berg- und Talfahrt 18,50 €,

4-Tage-Ticket Sulden und Trafoi 36 €, Winter-Skipass Ortler Skiarena 4 Tage 172,50 €, erm. 153,50 €, www.ortlergebiet.it

 Restaurants

€€ | **Gallia** Südtiroler Küche in Nachbarschaft zur Kirche. ▨ Gomagoi 8, Stilfs, Tel. 04 73/98 00 57, www.hotel-gallia.it, Ende Mai–Okt. tgl. 12–14, 18.30–21, Mitte Dez.–Ende April tgl. 18.30–20.30, So auch 12–14 Uhr

€€ | **Yak & Yeti** Yakfleisch von Messners Madritsch-Alm. ▨ Forststr. 55 (vor dem Museum), Sulden, Tel. 04 73/61 32 66

 Kinder

Naturwerkstatt Wuschlpuschl Basteln mit Materialien aus dem Wald. ▨ Trafoi 57 (beim naturatrafoi), Stilfs, www.naturatrafoi.com, Fr 15–18 Uhr, mit Anmeldung, 3 €/Kind

⚽ **Sport**

Alpinschule am Ortler Bergführer im Vinschgau und Ortlergebiet. ▨ Tel. 0331/170 93 93, www.feel-the-mountains.com, Büro Mo–Sa: Mitte Juni–Sept. 9–11, 15.30–18.30, Ende Dez.–Ostern 18–19 Uhr

Skischulen Sulden und Trafoi Skikurse aller Art von Profis für Jung und Alt, Anfänger und Könner. Erfolg garantiert, Spaß macht es obendrein. ▨ Skischule Sulden, Hauptstr. 72, Sulden, Tel. 0473/61 31 00, www.skischule-sulden.de; Skischule Trafoi, Skischulbüro im naturatrafoi, Tel. 0329/861 91 30, www.skischule-trafoi.de

Stilfser Joch Radtag Radrennen für jedermann über 1869 Hm. ▨ 1. Sa im Sept., dann Straße ab Trafoi 8–16 Uhr gesperrt, www.stelviopark.bz.it/radtag/

43 Schluderns
Sluderno

*Bodenständiger Ferienort mit
extravaganter Burg*

ℹ️ **Information**

▪ Tourismusbüro Schluderns, Meranerstr.
1, 39020 Schluderns, Tel. 04 73/61 55 90,
www.vinschgau.net/de/obervinschgau

Eine der besterhaltenen Burgen Südtirols ist die Churburg. Auf einem Vor-
hügel des Sonnenbergs überragt sie
das Dorf um die gotische Katharinen-
kirche, die umliegenden Obstgärten
und das im Nordwesten einmündende
ruhige Matscher Tal. Schlossherren
sind die Grafen Trapp. Einer ihrer Jäger,
Josef Pichler, schrieb 1804 mit der Erst-
besteigung des Ortler Berggeschichte.

Sehenswert

Churburg
| Museum |

10 *Ritterromantik und ausgemalter
Bogengang in wundervoller Burg*

Der Pool im Garten ist modern, im
Sommer leben die Grafen Trapp im
Familiensitz. Aber sonst atmet alles an
der Renaissanceburg Vergangenheit:
das Burgtor, die kieselgepflasterten
Höfe, Schlosskapelle, Verlies, Bibliothek,
Musizierzimmer, Ahnensaal und sogar
der zum Museumsshop umgebaute
einstige Pferdestall. Ein Erlebnis ist der
zauberhafte Arkadengang, dessen
Wände und Gewölbezwickel mit flora-
len Elementen, Tierallegorien und fan-
tasievollen Fabelwesen reich freskiert
ist. Kriegerischer gibt sich die Rüstkam-
mer mit maßgefertigten Prunkrüstun-
gen und Landsknechtpanzern »von

Die Churburg in Schluderns ist ein Juwel der Renaissance-Baukunst

der Stange«, dazu Helme, Hellebarden, Armbrüste, Kettenhemden, Fehdehandschuhe, Turnierlanzen.

■ Churburg 1, Tel. 04 73/61 52 41, www. churburg.com, Mitte März–Okt. Di–So 10–12, 14–16.30 Uhr, 10 €, nur mit Führung alle 15 Min., Dauer ca. 1 Std., Parkplatz unten an der Burg, Zufahrt sehr schmal

Vintschger Museum
| Heimatmuseum |

Modernes Museum zu Archäologie, Leben im Vinschgau, Bewässerung, Pferdezucht u.v.m. Sehr schön auch der Lehrwaal Quainwaal hinter dem Museum und der archäologische Park Ganglegg.

■ Meranerstr. 1, Tel. 04 73/61 55 90, www. vintschgermuseum.com, Anf. April–Okt. Di–So 10–12.30, 14–18, Juli–Aug. 10–18 Uhr, 5 €, erm. 4 €

 Events

Südtiroler Ritterspiele Lebensfrohes Mittelalter-Festival mit Markt, Lagerleben, Reit- und Schwertturnieren, Gauklern, Falknern u.v.m. ■ Schluderns, 3 Tage im August, www.ritterspiele.it

Glurns
Glorenza

 (23) *Steingewordenes Mittelalter mit intakter Stadtmauer*

 Information

■ Tourismusbüro Glurns, Rathausplatz 1, 39020 Glurns, Tel. 04 73/83 10 97, www. glurns.eu

Glurns ist zweigeteilt: Den Churer Fürstbischöfen gehörte zunächst das bäuerliche »Dorf« mit Gehöften und Scheunen, zu Beginn des 13. Jh. gründeten die Grafen von Tirol gleich daneben die »Stadt« mit Laubenarkaden, Handwerker- und Kaufmannshöfen. Die Pfarrkirche liegt außerhalb der gemeinsamen rechteckigen Stadtmauer. Diese ist wie das ganze Städtchen vollständig erhalten, komplett mit Wehrgang und drei Wachtürmen.

Innerhalb der Stadtmauer entdeckt man überall malerische Szenerien: Hier neigt sich ein Palabirnbaum über den Stadtbach, dort nutzt ein Designbüro eine umgebaute historische Scheune – Stein gewordene Einladung zu einer anschaulichen Zeitreise.

 P Parken

Es gibt kaum Parkplätze in der Stadt. Zwei kostenpflichtige Parkplätze befinden sich im Osten vor der Stadt: ein großer zum Industriegebiet hin, ein kleinerer direkt vor der Stadtmauer.

 Restaurants

€€–€€€ | **Weißes Kreuz** Kleines Gasthaus, traditionsbewusst in Auswahl und Qualität der Speisen. ■ Malser Str. 2, Tel. 04 73/83 14 55

 Einkaufen

Puni Italiens einzige Whisky-Destillerie, die ersten Fünfjährigen stehen nun zum Verkauf. Auch architektonisch ein Genuss, das rotziegelige Firmengebäude zitiert traditionelle Scheunen. ■ Punistr. 10 (vor der Stadt), Tel. 04 73/ 83 55 00, www.puni.com, Di–Sa 10–12, 14–18 Uhr, Destillerie-Tour (ca. 1. Std., Anmeldung) mit Verkostung Mi 15, Fr 10, Juli–Sept. zusätzl. Di und Do 15 Uhr, 10 €

ADAC *Mittendrin*

Schlendern Sie am 16. Oktober, dem Tag des hl. Gallus, mit vielen anderen Schaulustigen und Kaufwilligen über den **Gollimarkt** in Mals. Keine Geringere als die Landesherrin Claudia de Medici begründete 1642 diesen großen Jahrmarkt, heute mit Buden auf dem Marktplatz und entlang der gesamten Fußgängerzone.

45 Mals
Malles Venosta

Kirchen, Türme und rege Betriebsamkeit machen Mals besonders attraktiv

 Information

■ Tourismusverein Obervinschgau, St.-Benedikt-Str. 1, 39024 Mals, Tel. 04 73/83 11 90, www.ferienregion-obervinschgau.it

Das sonnenreiche Mals ist Regionalzentrum des Oberen Vinschgaus und liegt am unteren Hang des großen Murenkegels der Malser Haide. Hier verloren die Tiroler 1499 die Schlacht von Calven gegen die Schweizer, die danach u.a. Mals völlig zerstörten. Das Stadtbild geht daher überwiegend auf den Wiederaufbau zurück. Zu den wenigen älteren Bauten zählt St. Benedikt im Nordosten. Sein gedrungener Glockenturm trug bei zum Spitznamen »Dorf der sieben Türme«. Fünf davon sind erhalten, darunter der runde Fröhlichsturm neben dem Viereckturm der Pfarrkirche am zentralen Marktplatz. Weit verstreut liegen im schönen Hügelland ringsum die Malser Fraktionen Burgeis, Laatsch, Matsch und Planell.

 Sehenswert

St. Benedikt
| Kirche |
Die Kirche birgt karolingische Fresken sowie Reste von Stuckrahmen um drei perspektivisch angelegte Apsisbögen.
■ St. Benedikt-/Ecke Russlandstr., www.stiegenzumhimmel.it, Ende März–Juni, Okt. Di, Do, Sa 10–11.30, Führung Mo, Mi, Fr 15, Anf. Juli–Sept. Mo–Sa 10–11.30, 15–16.30, Führung Mo–Fr 14 Uhr

 Parken

Mehrere kostenfreie Parkplätze am Marktplatz (Peter-Glückh-Platz). Weitere größere Parkflächen unterhalb und am Bahnhof ausgeschildert, teils frei, teils werktags mit Parkticket.

 Restaurants

€€ | **Grüner Baum** Schnörkellos gute Regionalküche im Gasthof in der Fußgängerzone. ■ Stadtplatz 7, Tel. 04 73/83 12 06, www.gasthofgruenerbaum.it

Wandern

Watles Erlebnisberg Sessellift zum Ski- und Wandergebiet um die Höfer-Alm (2066 m) im Schliningtal. ■ Prämajur (5 km von Marienberg), Mals-Burgeis, www.watles.net, Juni–Okt. tgl. 8.30–12.30, 13.30–17 Uhr, Juli und Aug. durch-

ADAC *Spartipp*

Die Watles-Kombikarte beinhaltet Eintritt ins Museum Marienberg sowie eine Berg- und Talfahrt mit dem Sessellift auf den Watles. *Ende Mai–Ende Okt., Kauf an der Museumskasse, 14 €*

Der Kirchturm von Alt-Graun – Zeugnis eines buchstäblich untergangenen Dorfs

gehend, Bergfahrt 10,50 €, Berg- und Talfahrt 13,60 €, erm. 9,50 € bzw. 11 €, zwei Parkareale an der Talstation

In der Umgebung

Kloster Marienberg
| Kloster |

 Ein Kloster wie ein Adlerhorst mit freskengeschmückter Gruft

Auf der mächtigen weißen Stützwand des Klosters am steilen grünen Hang thront das heute von elf Mönchen bewohnte Benediktinerkloster seit Mitte des 12. Jh. Die freie Sicht über das Etschtal ist unübertrefflich. Der kunsthistorisch große Schatz des Klosters sind die farbenfroh und sehr gut erhaltenen romanischen Fresken des himmlischen Jerusalem in der Krypta im felsigen Untergrund. Erläuterungen, auch zur frühbarock umgebauten Stiftskirche, gibt ein kleines Museum im Klosterhof links.

■ Schlinig 1, Mals-Burgeis, Tel. 04 73/ 83 13 06, www.marienberg.it, Mitte März–Okt., Ende Dez.–5. Jan. Mo–Sa 10–17 Uhr, 5 €, erm. 4 €, Krypta nur mit Führung Mai Mo–Sa 15, Juni–Okt. Mo–Sa 17.30 Uhr, Parkplatz an der Straße unterhalb

46 Reschensee
Lago di Resia

 Ein Kirchturm im Stausee erinnert an ein untergegangenes Dorf

i Information

■ Ferienregion Reschenpass, Hauptstr. 61, 39027 Graun, Tel. 04 73/63 31 01, www.reschenpass.it

Der erste Südtiroler Ort hinter dem 1507 m hohen Reschenpass ist Reschen (Resia), ein durch Urlaubsgäste groß gewordenes Straßendorf mit wenig Platz zwischen Reschensee und

Im Blickpunkt

Atlantis der Berge

Dieser Liedtitel bezieht sich auf Alt-Graun. Das Dorf fiel dem Bau des Reschen-Stausees zum Opfer, dazu 514 ha fruchtbares Land. Die Einwohner hatte niemand einbezogen, als 1950 italienische und Schweizer Industrievertreter Pläne umsetzten, Obersee und Mittersee von 5 m auf 22 m zum heutigen Reschensee aufzustauen.

Noch heute hadern viele Einheimische damit. Andere machen das Beste aus dem etwa 6 x 1 km großen See, der mit Wassersportmöglichkeiten und dem malerischen Kirchturm zumindest die touristischen Angebote vor Ort erweitert. Der denkmalgeschützte Turm im See wurde 2009 sogar renoviert.

den ansteigenden Wander- und Skigebieten. Sehr beliebt sind Ausflüge zur Etschquelle oder ins Langtauferer Tal. Auch Graun (Curon), neu gegründeter Hauptort am See, und das südlich anschließende St. Valentin auf der Haide (San Valentino alla Muta) am Haidersee sehen so aus. Es waren Bauerndörfer, doch veränderte die Stauung des Reschensees Landschaft und Sozialgefüge erheblich. Eindrückliches Zeichen dafür ist der alte Grauner Kirchturm, der ufernah aus dem See ragt.

 Parken

Reschensee am Kirchturm Viel genutzter Parkplatz direkt am See vor dem Alt-Grauner St. Katharina-Kirchturm mit Infotafeln und Seemodell. ■ SS 40, rund 400 m nördl. von Graun

 Restaurants

€€ | **Pizzeria Katrin** So muss Pizza sein: knusperdünn, riesengroß und reiche Belagauswahl. Auch die Nudelgerichte schmecken gut. Die schlichte Gaststube zieren Gemälde des Hausherrn. ■ Landstr. 57 (nahe Talstation des Lifts zur Haider Alm), St. Valentin auf der Haide, Tel. 04 73/63 40 47, www.residence-katrin.it

€€ | **Traube Post** Großer historischer Gasthof direkt an der Hauptstraße. Die vorzügliche Küche bietet u.a. Spezialitätenwochen (Spargel, Fisch …) und Köstlichkeiten vom Hochlandrind. ■ Claudia-Augusta-Str. 10, Graun, Tel. 04 73/63 31 31, www.traube-post.it

 Erlebnisse

MS Hubertus Interregio Reschensee-Schifffahrt. ■ Anleger in Graun am Turm, Mobil 338/496 78 10, Mitte Juli–Okt. (bei ausreichend Wasser) tgl. 15 Uhr, 9 €

 Sport

Reschensee Gut 15 km langer Seerundpfad, Angeln, Surfen, Rudern, Kajaken, Tretbootfahren, Snowkiten, Eissport u.a. ■ Angebote z.B. bei Adrenalin Kite Surf Club, www.adrenalinakitesurfclub.com; Segelverein Reschensee, www.segelverein-reschensee.com; Kajaktour, Mobil 346/068 39 69

Skizentrum Schöneben/Rojen Leichte bis mittelschwere Familienabfahrten. ■ Talstation der Sechser-Gondel am Westufer, Reschen, www.schoeneben.it, Anf. Juni–Mitte Okt. tgl. 9–16.30, Mitte Dez.–Mitte März tgl. 8.30–16.30 Uhr, Berg- oder Talfahrt 10 €, Berg- und Talfahrt 12 €, erm. 9 € bzw. 10,50 €, Tagesskipass 39,50 €, erm. 37,50 €

Übernachten

In überschaubaren Ortschaften und Dörfern dominieren in Südtirols westlichster Ferienregion kleinere familiengeführte Hotels und Pensionen. Häufig bieten auch modernisierte historische Ansitze und Gasthöfe zeitgemäße Gastlichkeit. Das gilt für die abwechslungsreichen Tallagen ebenso wie für ruhigere Seitentäler und die Skiregionen. Insbesondere im Ortlergebiet sind auch größere Hotelanlagen in der Saison ausgebucht, hier also besser zeitig vorsorgen. Generell bieten viele Gastgeber für Wintersportausrüstung, Motor- und Fahrräder eigene Abstell- und Trockenräume, oft mit Zubehör und guten Tipps.

Latsch 108

€–€€ | Sonnenhof Hotel Tanja Kleines familiengeführtes Hotel mit Restaurant im Ortszentrum. Sauna im Haus, kleiner Pool im Garten. Tiefgarage und Fahrradraum mit viel Radler-Zubehör. ■ Kugelgasse 84, 39021 Latsch, Tel. 04 73/62 33 36, www.hoteltanja.com

€–€€ | Gasthof Pension Gstirnerhof Gastfreundliches Anwesen in hübscher Alleinlage inmitten von Obst- und Weingärten Im Hauptgebäude aus dem 15. Jh. lädt im Herbst der Gewölbekeller zum Törggelen am Kaminfeuer ein. ■ Spineidweg 5, 39020 Kastelbell (4 km östl. von Latsch), Tel. 04 73/62 40 32, www.gstirnerhof.eu

Schlanders 109

€ | Gasthof Rita Familiäre Frühstückspension in ruhiger Hanglage. Bar-Café-Eisdiele im Haus. ■ Schmiedgasse 22, 39028 Kortsch (2 km westl. von Schlanders), Tel. 04 73/73 02 35, www.pension-rita.com

€€ | Bio-Reiterhof Vill Ferienwohnungen auf dem Reiterhof oder Hotelzimmer im Landhotel Anna nebenan. Beide liegen knapp außerhalb der Fußgängerzone. ■ Mühlgasse 13, 39028 Schlanders, Tel. 04 73/62 12 67, www.vill.it

€€ | Goldene Rose Ruhiges Genusshotel im Zentrum. Große Zimmer, teils mit Terrasse. Sauna im, Parkplatz hinterm Haus. ■ Fußgängerzone 73, 39028 Schlanders, Tel. 04 73/73 02 18, www.hotel-goldenerose.it

Schluderns 114

€€ | Engel Gediegenes Hotel in zentraler Lage. Dachterrasse mit Panoramablick, Hallenbad, Billard, Kicker, Fitness, Restaurant und Bar. Einmal pro Woche Fahrradausflug mit dem Chef des Hauses. ■ Kirchplatz 7, 39020 Schluderns, Tel. 04 73/61 52 78, www.hotelengel.com

€€–€€€ | Alte Mühle Großes, angenehmes Haus am Mühlbach. Familienzimmer vorhanden, Biker willkommen. Wellnessbereich u.a. mit Sauna und Kneippgrotte. Gut ist auch das Hotelrestaurant mit Pizzeria. ■ Matscher Winkel 24, 39020 Schluderns, Tel. 04 73/61 52 38, www.hotel-alte-muehle.com

Glurns 115

€–€€ | Post Familiäres Hotel an der Hauptstraße inmitten des historischen

Städtchens mit viel Atmosphäre im Altbau und bodenständiger Ausstattung im Neubau. Familienzimmer auf zwei Ebenen. ■ Florastr. 15, 39020 Glurns, Tel. 0473/83 12 08, www.hotel postglorenza.com

Mals 116

€–€€ | **Garni Platzer** Am südlichen Dorfrand von Burgeis liegt die hübsche, kleine und sehr beliebte Frühstückspension. Gratis-Abholung vom Bahnhof Mals. ■ Burgeis 182, 39024 Burgeis, Tel. 0473/83 00 97, www.garni-platzer.com

€–€€ | **Zum Hirschen** Zimmer und Apartments im Hotel garni mitten im Zentrum. Hauscafé zum Marktplatz mit Blick auf die Pfarrkirche. ■ Bahnhofstr. 2, 39024 Mals, Tel. 0473/83 11 49, www.hotel-hirschen.it

€€ | **Biohotel Panorama** Schönes, ökologisch geführtes Haus am östlichen Ortsrand. Angenehm mit viel natürlichem Material gebaut, dazu Panoramafenster und 1a-Bio-Küche. ■ Staatsstr. 5, 39024 Mals, Tel. 0473/83 11 86, www.biohotel-panorama.it

€€€ | **Weisses Kreuz** Historische Bausubstanz und moderne Architektur verbinden drei Häuser mitten im Ort und schaffen ein besonderes Flair. Individuell gestaltete Zimmer, großzügiger Spa-Bereich. ■ Burgeis 82, 39024 Burgeis, Tel. 0473/83 13 07, www.weisses kreuz.it

Reschensee 117

€€ | **Am Reschensee** Freundliches, kleines Hotel im Ort. Schöner Blick über den Reschensee und auf den Ortler. Motorradpauschalen im Angebot. ■ Hauptstr. 14, 39027 Reschen, Tel. 0473/63 31 17, www.hotel-reschen see.com

€€ | **Ortlerspitz** Das traditionsreiche, erst vor Kurzem renovierte Hotel liegt idyllisch etwas über dem Haidersee, bietet großzügige Zimmer, eine Bar im Haus und ein Panoramahallenbad. ■ Nationalstr. 15, 39027 St. Valentin auf der Haide, Tel. 0473/63 46 31, www.hotel-ortlerspitz.it

€€€ | **Villa Waldkönigin** Jugendstilvilla als Ferienhaus am Hang. Ein moderner Neubau nebenan beherbergt weitere Gästezimmer, Restaurant und Wellnessbereich. ■ Waldweg 17, 39027 St. Valentin auf der Haide, Tel. 0473/63 45 59, www.waldkoenigin.com

ADAC *Das besondere Hotel*

»Bergrefugium« nennt sich das überraschend große Hotel **Langtaufererhof** zu Recht. Sehr schön im hinteren Langtaufer Tal in 1870 m Höhe gelegen. Zimmer, Komfort, Service, Gastronomie sind bestens und unterstreichen die grandiose Lage samt Panoramablick auf Berge und Tal.
€€ | Kappl 115 (9 km östl. von Graun), 39027 Graun, Tel. 0473/63 35 51, www. langtaufererhof.it

ADAC

Hier beginnt der Urlaub.

Gut informiert. Besser reisen.

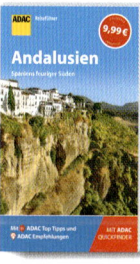

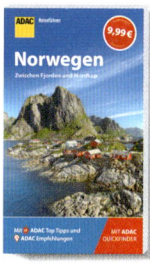

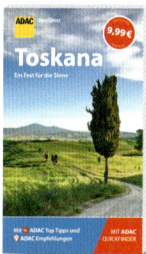

Beim **ADAC Infoservice**, in den **ADAC Geschäftsstellen** sowie auf dem **Internetportal des ADAC** (www.adac.de) erhalten Sie Informationen zu den Dienstleistungen des Automobilclubs und zu Ihrem Reiseziel. Als **ADAC Mitglied** können Sie zudem das kostenlose **ADAC TourSet® Südtirol** mit vielen Reiseinfos und Karten anfordern oder die **TourSet App** auf dem **Smartphone** oder **Tablet-PC** installieren (www.adac.de/toursetapp).

Rufen Sie bei Notfällen und Pannen den **ADAC Notruf** bzw. den **ADAC Auslandsnotruf** an. Unser Team steht Ihnen rund um die Uhr zur Verfügung.

ADAC Infoservice

Tel. 0 800/510 11 12
Infos zu allen ADAC Leistungen
(Mo–Sa 8–20 Uhr, gebührenfrei)

ADAC Notruf Deutschland

Tel. 0 180/222 22 22
(24 Std., ca. 6 ct/Anruf, max. 42 ct/Min.
aus deutschem Mobilfunknetz)

ADAC Notruf Mobil-Kurzwahl

Tel. 22 22 22
(Preise variieren je nach
Netzbetreiber)

ADAC Auslandsnotruf

Tel. +49/89/22 22 22
(Gebühren variieren
je nach Netzbetreiber und Land)

Internet-Serviceangebote des ADAC für Ihre Reiseplanung:

Service	Webadresse
Aktuelle Verkehrslage	www.adac.de/verkehr
ADAC Routenplaner	www.adac.de/maps
Infos zu Tankstellen und Spritpreisen	www.adac.de/tanken
Infos zu mautpflichtigen Strecken	www.adac.de/maut
Infos zu Fährverbindungen	www.adac.de/faehren
ADAC TourMail (Aktuelle Infos vor Anreise)	www.adac.de/tourmail
Informationen für Camper	www.adac.de/camping
Informationen für Motorradfahrer	www.adac.de/motorrad
Informationen für Segler und Skipper	www.adac.de/sportschifffahrt
ADAC Reiseangebote	www.adacreisen.de
ADAC Autovermietung	www.adac.de/autovermietung
ADAC Versicherungen für den Urlaub	www.adac.de/versicherungen
Weltweite Preisvorteile für ADAC Mitglieder	www.adac.de/vorteile-international

Diese **Produkte des ADAC** könnten Sie auch interessieren: **ADAC Reiseführer Gardasee**, **ADAC Reisemagazin Dolomiten im Trentino** und der **ADAC Campingführer Südeuropa** – erhältlich im Buchhandel, bei den ADAC Geschäftsstellen und in unserem ADAC Online-Shop (www.adac.de/shop).

Anreise und Einreise

Auto

Die **Hauptreiseroute** von Norden her nach Südtirol führt über den **Brennerpass** (1350 m) und durch das Wipp- bzw. Eisacktal, entweder auf der mautpflichtigen **Brennerautobahn E45/A22** oder parallel dazu auf der schmalen, kurvenreichen Bundes- bzw. **Staatsstraße SS22** (keine Gespanne) durch die Anliegerorte.

Westlich davon erreicht man Südtirol von Österreich aus über **Timmelsjoch** (2474 m, Ötztal–Passeier Tal) oder **Reschenpass** (1507 m, oberes Inntal–Vinschgau), von der Schweiz her über den **Ofenpass** (2149 m) und südlich davon **Umbrailpass/Stilfser Joch** (2501 m/2757 m, Graubünden–Münstertal bzw. Vinschgau).

Im Osten kommt man auf der **Pustertalstraße E66/SS49** (ca. 1100 m) von und nach Österreich. Die Alternativroute über den **Staller Sattel** (2052 m, Defereggental–Antholzer Tal) ist je nach Schneelage Mai/Juni–Okt./Nov. tgl. 5.30–22.15 Uhr geöffnet und selbst dann auf italienischer Seite nicht zugelassen für Wohnwagen und Busse. Die **Wintersperre** gilt auch für Umbrailpass/Stilfser Joch und Timmelsjoch.

Eine allgemeine, witterungsunabhängige **Winterreifenpflicht** besteht auf der Brennerautobahn A22 (Abschnitt Brenner–Affi) sowie im Stadtgebiet Bozen vom 15. November bis zum 15. April. Auf den übrigen Straßen der Provinz Bozen besteht bei winterlichen Verhältnissen Winterreifenpflicht. Für Krafträder gilt bei winterlichen Verhältnissen ein grundsätzliches Fahrverbot. Aktuelle Informationen bietet die Bozener Verkehrsmeldezentrale, www.provinz.bz.it/verkehr.

Bahn und Bus

Die **Deutsche Bahn** (DB) fährt mehrmals tgl. ab München über Kufstein und den Brenner nach Südtirol. Mit dem EC erreicht man z.B. Bozen in knapp 4 Std. Eine Fahrradmitnahme ist dabei begrenzt möglich, allerdings reservierungspflichtig. Besonders günstig wird die Fahrt mit dem Ticketangebot **Sparpreis Europa**, das für 29–69 € für die einfache Fahrt pro Person zu haben ist (www.bahn.de).

Von vielen deutschen Großstädten, insbesondere ab München, bieten mehrere Anbieter täglich **Fernbusse** nach Südtirol (Fahrt München–Bozen in ca. 4 Std., 16–30 € pro Person einfach, www.flixbus.de, www.gross.it, www.helloe.com, www.suedtirolbus.it). Für den **Weitertransport** ab Busankunft in Südtirol sorgt SüdtirolTransfer (www.suedtiroltransfer.com).

Der **Meraner Land Express** verkehrt Ende März–Anf. Nov. Mi und Sa ab München inkl. Fahrt zur Unterkunft 45 € einfach, 75 € hin und zurück. Infos erteilen die Südtiroler Tourismusvereine und unter www.meranosuedtirol.it. Aus Baden-Württemberg besteht ganzjährig Sa mit **Südtiroltours** die Verbindung Stuttgart–Ulm–Fernpass–Reschenpass–Meran, einfach 90 €, hin und zurück 160 € (Südtiroltours, Fa. Klopfer, Berglen/Stuttgart, Tel. 07195/7884, www.suedtiroltours.de).

Der **Schenna Express** verbindet an Terminen im April, Juni und Okt. Düsseldorf mit Schenna und Dorf Tirol (Tourismusbüro Schenna, Tel. 0473/945669, www.merano-suedtirol.it).

Flugzeug

Den kleinen **Bozener Regionalflughafen** (BZO) nutzen Charterfluglinien inneritalienisch saisonal. Reguläre Linienverbindungen bestehen derzeit nicht. Die nächsten größeren Flughäfen befinden sich in Innsbruck und Verona.

Einreise und Dokumente

Bei der Einreise ins Schengenland Italien werden Reisende nur stichprobenartig kontrolliert, das kann sich jedoch je nach tagespolitischem Geschehen schnell ändern. Personen ab 16 Jahren sollten daher stets einen gültigen **Reisepass** oder **Personalausweis** mit sich führen. Auch jedes Kind braucht ein eigenes Ausweisdokument.

Auto und Straßenverkehr

Führerschein und Papiere

Einen gültigen **Führerschein** sowie den **Fahrzeugschein** (Zulassungsbescheinigung Teil I) müssen Autofahrer stets vorweisen können. Außerdem empfiehlt sich die Mitnahme der Grünen Versicherungskarte.

Die halbhohen orangefarbenen Kästen am Straßenrand sind sogenannte **Speed Check Boxes**, also Geschwindigkeitsmesser. Die Blitzer darin können, müssen aber nicht aktiv sein.

Straßennetz und Sicherheit

Südtirol ist gut erschlossen, zumal entlang der Nord-Süd-Achse, in den Haupttälern sowie in den verkehrsdichten Großräumen Bozen und Meran. Abseits werden die Straßen schnell schmal, in wenig besuchten Regionen und Höhenlagen auch geschottert.

In den **Bergen** wird vor Engstellen oft gehupt, als Warnung an eventuell entgegenkommenden Verkehr. An den teils erheblichen Steigungen kann es zu Verzögerungen oder kleinen Staus aufgrund schwächer motorisierter Verkehrsteilnehmer kommen. Da hilft

nur Geduld, keinesfalls sollte man »schnell mal« überholen.

Die Streckenführung ist landschaftsbedingt oft unübersichtlich, daher auch auf Hauptstraßen und bei grünen Ampeln bitte nicht einfach drauflosfahren und auf Vorfahrt pochen.

Eine besondere Herausforderung für den Verkehr ist der **Winter**, selbst wenn es nicht schneit. Das beginnt schon bei der Anfahrt: Nur einige Pässe wie Brenner und Reschenpass sind ganzjährig befahrbar. Für andere gilt Wintersperre, Nachtfahrverbot oder Beschränkung etwa der Verkehrsteilnehmer. Den jeweils aktuellen Stand stellt der ADAC online zur Verfügung unter www.adac. de/reise_freizeit, Stichwort »Verkehr«.

Über die Straßen- und Verkehrslage in ganz Südtirol inkl. Sperrungen und Baustellen informiert die **Landesverkehrsmeldezentrale** unter Tel. 0471/ 200198 oder online unter www.provinz.bz.it/verkehr.

Verkehrsvorschriften

Außerhalb geschlossener Ortschaften müssen Pkw und Motorräder auch tagsüber mit **Abblendlicht** fahren.

Promillegrenze 0,5, für Fahranfänger 0,0.

Linienbusse haben in den Bergen in jeder Fahrtrichtung stets Vorfahrt.

Winterreifenpflicht S.123.

Tempolimits in Italien/Südtirol

Straße	Tempolimit
Autobahn	130 km/h
Brenner-autobahn	110 km/h
Staats-/Land-straße	90 km/h
Ortschaft	50 km/h

Bußgelder

Auf Verstöße gegen die Straßenverkehrsordnung stehen teils erhebliche **Geldstrafen**, die europaweit und ggf. auch per Inkasso eingetrieben werden. Am besten bezahlt man gerechtfertigte **Bußgeldbescheide** noch vor Ort (etwa auf einer Polizeistation), da eine Zustellung an den heimischen Wohnort extra Gebühren kostet. Online-Zahlung und Widerspruch sind möglich unter www.emo.nivi.it/faq.

Tanken

Kraftstoff ist durchweg teurer als etwa in Deutschland. Für 1 l Super zahlt ein Autofahrer zzt. rund 1,60 €, Diesel liegt im Preis nur knapp darunter.

Tankstellen an Autobahnen sind in der Regel rund um die Uhr geöffnet, die übrigen meist Mo–Fr 7–12.30 und 14–19 Uhr, Sa und So im Schichtdienst. **Tankautomaten** gibt es vor allem an kleineren, nicht durchgehend besetzten Tankstellen. An ihnen zahlt man vor dem Tanken bar oder mit Karte einen festen Betrag. Ist die Zahlung akzeptiert, kann man die entsprechende Kraftstoffmenge tanken (Tankvorgang stoppt automatisch).

Parken

Parken ist im bergigen, kleinteiligen Südtirol stets ein Thema, allerdings sind auch so gut wie überall **öffentliche Parkplätze** ausgewiesen. Die blau gekennzeichneten sind gebührenpflichtige Kurzparkplätze (Ticket ziehen). Parkverbotsflächen sind gelb oder schwarz-gelb markiert. Freie Parkplätze finden sich meist an den Orts- bzw. Zentrumsrändern.

Kostenpflichtige **Parkhäuser** und -garagen sind in allen größeren Ortschaften, Ferienregionen und Skigebieten vorhanden, etwa in Ratschings-Jaufen, Brixen oder Bruneck, in Bozen und Meran sowieso.

Maut

Autobahngebühren fallen in Italien je nach Fahrzeug und zurückgelegten Kilometern an, zu bezahlen an Mautstationen in bar, mit Kreditkarte oder über die aufladbare Guthabenkarte Viacard (erhältlich an den Autobahnstationen), mit der die Mautabfertigung auf eigenen Fahrspuren meist schneller geht. Für einen Pkw oder ein Motorrad kostet beispielsweise die gut 110 km lange Strecke Brenner–Ausfahrt Auer 7,80 €, ein Gespann Klasse 3 zahlt 10,60 €. **Tarifrechner** unter www.autobrennero.it.

Unfall

Nach einem Unfall sollten Sie sofort anhalten, die **Unfallstelle** sichern und Erste Hilfe leisten. Bei **Personenschaden** muss die Polizei verständigt werden (Notruf: 112). Den **ADAC Auslandsnotruf** erreichen Sie bei Fahrzeugpannen und -unfällen unter Tel. +49/89/22 22 22.

Notieren Sie stets, auch bei Sachschäden, Kennzeichen, Namen und Anschriften von Fahrern und Haltern der beteiligten Fahrzeuge sowie deren Haftpflicht- und Versicherungsnummer. Ebenfalls sinnvoll sind Namen von (möglichst neutralen) Unfallzeugen und Fotografien der Unfallstelle. Unterzeichnen Sie keine Schriftstücke, die Sie nicht verstehen. Lassen Sie sich bei Problemen vom ADAC Infoservice beraten (Tel. 0800/510 11 12).

Einen Europäischen Unfallbericht und weitere Hilfestellung bei der Schadensregulierung bietet kostenfrei der Zentralruf der Autoversicherer.

Zentralruf der Autoversicherer
Auskunftsstelle / GDV

 Glockengießerwall 1, 20095 Hamburg, Tel. 0800/250 26 00, +49/40/300 33 03 00, www. gdv-dl.de

Barrierefreies Reisen

Praktisch ist die App **Südtirol für alle**, die einen Überblick über Angebote für einen barrierefreien Urlaub gibt und deren tatsächliche Zugänglichkeit mit Punkten bewertet. Mehr als 600 Einrichtungen sind in den vier Kategorien »Unterwegs in Südtirol«, »Erleben«, »Essen« und »Übernachten« in Wort und Bild zuverlässig beschrieben.

Grundsätzlich muss man sagen, dass Südtirol selbst in flacheren Teilen ein Bergland ist, steile Hänge, Treppen und Stiegen sind in Stadt und Land allgegenwärtig, Menschen mit Gehbehinderung und Rollstuhlfahrer tun sich hier meist schwer.

Diplomatische Vertretungen

Die Auslandsvertretungen Ihres Heimatlandes helfen Ihnen, wenn Sie Reisedokumente verloren haben, bei personenstandsrechtlichen Angelegenheiten und bei Problemen mit italienischen Behörden.

Deutscher Honorarkonsul

 Dr. Gerhard Brandstätter, Dr.-Streiter-Gasse 12, 39100 Bozen, Tel. 04 71/97 21 18, bozen@hk-diplo.de, zugeordnet dem Konsulat Mailand, www.mailand.diplo.de

Österreichisches Amtslokal

■ Silbergasse 6, Merkantilgebäude/ 1. Stock, 39100 Bozen, Tel. 04 71/97 03 94, Amtslokal des Generalkonsulats Mailand, www.aussenministerium.at/mailandgk

Schweizer Generalkonsulat

 Via Palestro 2, 20121 Mailand, Tel. 02/ 777 91 61, www.eda.admin.ch/milano

Feiertage

1. Januar (Neujahr), 6. Januar (Dreikönig), Karfreitag, Ostermontag, 25. April (Tag der Befreiung Italiens), 1. Mai (Tag der Arbeit), Christi Himmelfahrt, 2. Juni (Tag der Republik/Ital. Nationalfeiertag), Pfingstmontag, 3. So nach Pfingsten (Herz-Jesu-Sonntag, Südtiroler Gedenken des Treuegelöbnisses von 1796), 15. August (Mariä Himmelfahrt), 1. November (Allerheiligen), 8. Dezember (Mariä Empfängnis), 25./26. Dezember (Weihnachten/Stephanstag).

Geld

Banken können je nach Filialgröße unterschiedliche Öffnungszeiten haben, üblich sind Mo–Fr 8–13 und 14.45–16.30 Uhr.

Mit **EC- und Kreditkarten** kann man an vielen Bankautomaten rund um die Uhr Geld abheben. Auch viele Geschäfte, Hotels und Restaurants akzeptieren Kredit- und EC-Karte.

Kosten im Urlaub

(durchschnittliches Preisniveau)

Tasse Kaffee	2,20 €
Softdrink (Limonade)	2 €
Glas Bier (0,4 Liter)	4 €
Glas Hauswein (0,1 Liter)	1,50 €
Glas Wein (0,1 Liter)	3 €
Viertele Wein (0,25 Liter)	5 €
Hauptgericht (Restaurant, Secondo Piatto)	14 €
Eintritt staatl. Museum	2–10 €
Mietwagen / Tag	ab 30 €

Gesundheit

Gegen Vorlage der **European Health Insurance Card (EHIC)/Europäischen Krankenversicherungskarte** werden in der EU und in der Schweiz Versicherte in Italien, also auch in Südtirol, in öffentlichen Krankenhäusern und bei Vertragsärzten kostenlos behandelt. Gebühren fallen für Sonderbehandlungen und Besuche bei Spezialisten an. Sie müssen in der Regel sofort und bar bezahlt werden, eventuell werden diese Kosten im Heimatland gegen Vorlage der Quittung erstattet.

Eine private Auslandskrankenversicherung gibt zusätzliche Sicherheit, da deutsche Krankenkassen zum Beispiel keine Krankenrücktransporte übernehmen.

Standardimpfungen gemäß aktuellem Impfkalender des Robert-Koch-Instituts (www.rki.de) sollten stets vorhanden sein.

Apotheken haben i.d.R. Mo–Sa 8.15–13 und 15–19, Sa bis 18.30 Uhr geöffnet.

Haustiere

Innerhalb der EU dürfen max. fünf nicht für den Verkauf bestimmte Hunde, Katzen und/oder Frettchen grenzüberschreitend transportiert werden. Für jedes dieser Tiere muss eine gültige Tollwutimpfung nachgewiesen und ein eindeutig zuordenbarer Heimtierausweis mitgeführt werden. Das Tier muss also mittels Tätowierung oder Mikrochip identifizierbar und die Kennzeichnungsnummer im Pass eingetragen sein.

Stets aktuelle Informationen gibt das Bundesministerium für Ernährung und Landwirtschaft, www.bmel.de unter »artgerechte Tierhaltung«.

Informationen

Broschüren und sonstige Printprodukte zur Reisevorbereitung werden nicht mehr verschickt. Wichtige und interessante Informationen, Anregungen, Tipps und Buchungsmöglichkeiten für Ihren Urlaub in allen Teilen Südtirols finden Sie sehr gut aufbereitet online:

IDM Südtirol – Alto Adige

■ Sonderbetrieb des Landes Südtirol und der Handelskammer Bozen, seit 2017 u. a. zuständig für das Tourismusmarketing, www.suedtirol.info

Es gibt eine ganze Reihe weiterer hilfreicher Webseiten, insbesondere zahlreiche regionalspezifische Seiten. Entsprechend den Kapiteln in diesem Reiseführer z.B: www.suedtirolerland.it, www.eisacktal.com, www.pustertal.org, www.dolomiten-suedtirol.com, www.bolzano-bozen.it, www.weinstrasse.com, www.meranerland.org, www.vinschgau.net.

Klima und beste Reisezeit

Südtirol ist auch hinsichtlich des Klimas sehr vielfältig. Während viele der Alpengipfel ganzjährig schneebedeckt sind, gilt Meran als Stadt des ewigen Frühlings und Bozen als Sonnenterrasse Südtirols.

Beliebteste Reisemonate sind September und Oktober, aber in Südtirol kann man das ganze Jahr über schöne Urlaubstage verbringen. Im Winter locken die Skigebiete, im Frühling beginnt in ganz Südtirol die Freiluftsaison, im Sommer reisen auch viele Italiener aus südlicheren Regionen an und der goldene Herbst lädt ein zu

Festivals und Events

Januar

Alpen Trail (Ende Jan., Prags, Toblach, Sexten, www.alpentrail.de) – Schlittenhunderennen über 200 km im Hochpustertal – vorausgesetzt, es liegt genug Schnee.

Februar/März

Egetmann-Umzug (Faschingsdienstag in ungeraden Jahren, Tramin) – Ein Heidenspektakel, wenn archaische Gestalten den Winter austreiben.

Juni

Oswald-von-Wolkenstein-Ritt (1. Juni-Wochenende, Seiser Alm, Seis, Kastelruth, Völs am Schlern) – Bunter Reiterkorso mit Turnieren in der Region.

Oswald-von-Wolkenstein-Ritt

Juli / August

Wein-Kultur-Wochen (Ende Juli–Mitte Sept., Eppan-St. Pauls, www.weinkulturwochen.com) – Wein, Kultur und gutes Essen in hübschen Altstadtgassen.

Rittner Sommerspiele (Ende Juli–Mitte Aug., Lengmoos am Ritten, www.rittnersommerspiele.com) – Volkstheater im Freilichthof.

August / September

Meraner Musikwochen (Mitte Aug.–Mitte Sept., www.meranofestival.com) – Klassik und Romantik, Barock- und Neue Musik, Jazz, Welt- und Volksmusik.

Sarntaler Kirchtag (1. Sept.-Wochenende, Sarnthein) – Traditionelles Kirchweihfest mit großem Festumzug in Tracht.

Oktober

Kuchlkastl (1.–31. Okt., Völs am Schlern, www.voelserkuchlkastl.com) – Feine Neuinterpretationen traditioneller Rezepte.

Traubenfest (3. Okt.-Wochenende, Meran) – Ältestes Erntedankfest in Südtirol (seit 1886), mit Musik, Tanz und großem Trachtenumzug am Sonntagnachmittag.

Stegener Markt (letztes Okt.-Wochenende, Stegen bei Bruneck) – Buntes Treiben und viel Gedränge beim größten Markt Südtirols mit etlichen Hundert Händlern und Ausstellern.

November

Keschtnriggl (Spätherbst/Anfang Nov., Tissens, Prissian, Völlan, Lana, www.keschtnriggl.it) – Kastanientage feiern die kulinarische Vielfalt der stacheligen Edelfrucht.

Dezember

Bozener Christkindlmarkt (Woche vor dem 1. Advent–6. Jan., Bozen, www.mercatinodinatalebz.it) – Größter Weihnachtsmarkt Italiens auf dem festlich beleuchteten Waltherplatz.

Wanderungen und Törggelen. November bis Ostern nehmen sich viele Gastbetriebe und Bergbahnen Zeit für zwei, drei Wochen Betriebsurlaub oder schließen für Instandsetzungsarbeiten.

Ein besonderer Feiertag ist Mariä Himmelfahrt am 15. August, auch bekannt als »Ferragosto«, Feiertag des Augustus. Der Tag gilt als Inbegriff des Sommers – und des Sommerurlaubs. An diesem traditionellen Ausflugstag scheint ganz Italien auf den Beinen, entsprechend voll sind die Straßen, die sich auch in Südtirol Himmelfahrtprozessionen und Freizeitverkehr teilen.

Klimatabelle Bozen

Monat	Luft (°C) (min./ max.)	Sonne (h/Tag)	Regen- tage
Jan.	-3 / 5	3	4
Feb.	-1 / 9	4	3
März	3 / 14	5	6
April	8 / 19	6	7
Mai	11 / 22	6	10
Juni	15 / 27	7	9
Juli	16 / 29	8	8
Aug.	16 / 28	7	8
Sept.	13 / 24	6	8
Okt.	8 / 18	5	7
Nov.	3 / 11	3	7
Dez.	-1 / 6	3	5

 ## Nachtleben

Für ausuferndes Feiern ist Südtirol nicht bekannt, wenngleich es auch hier etwa beim Après-Ski hoch hergehen kann. Mehr als ein Nachtlokal finden Sie in und um Bozen und Meran

sowie in Brixen, in Alta Badia/Hochabtei und vor allem im Grödner Tal. Auch entlang der Weinstraße, in Eppan oder Kaltern zum Beispiel, kann es bei einem guten Tropfen schon mal später werden. Tipps und Adressen finden Sie im Hauptteil bei den jeweiligen Orten.

 ## Notfall

Wählen Sie in Notfällen immer die gebührenfreie europäische **Notrufnummer 112** (Polizei, Feuerwehr, Rettungswagen und/oder Notarzt).

ADAC-Mitglieder können sich in Notfällen auch rund um die Uhr an den **ADAC-Auslandsnotruf** Tel. +49/89/ 222222 wenden.

Öffnungszeiten

Die Öffnungszeiten sind je nach Art und Lage der Geschäfte sehr unterschiedlich.

Einzelhandelsgeschäfte schließen meist über Mittag, übliche Öffnungszeiten sind Mo–Fr 8–12 und 14–19 bzw. in größeren Städten Mo–Fr 9–12.30 und 15.30–20 Uhr, Sa oft ein, zwei Stunden kürzer, manche öffnen jedoch auch So.

Supermärkte und **Einkaufszentren** haben in der Regel durchgehend geöffnet, oft auch sonntags. Ein großer Eurospar öffnet beispielsweise Mo–Sa 8–20, So 8.30–19.30 Uhr.

Öffnungszeiten von **Banken** und **Post** siehe Einträge Geld (S. 126) und Post (S. 130).

Kirchen und **Kapellen** sind üblicherweise tagsüber für Gläubige offen, d.h. ca. von Sonnenauf- bis -untergang. Aber seit vermehrt mit Kirchendiebstählen zu rechnen ist, bleiben vor allem wenig genutzte Gotteshäuser häufig verschlossen. Andere, vor allem die auch touristisch bedeutenden, bieten feste Öffnungszeiten. Diese sind zwar uneinheitlich, beinhalten in aller Regel aber eine rund zweistündige Mittagspause. Für alle gilt, dass der Zugang in den Wintermonaten Nov.-März/April meist erheblich eingeschränkt ist. Informationen über Öffnungszeiten und meist auch Schlüssel erhält der interessierte Besucher das ganze Jahr über in den jeweiligen Touristeninformationen, oft auch im Anwesen direkt neben der fraglichen Kirche oder Kapelle.

Post

Postämter gibt es in allen größeren Orten. Ihre regulären Öffnungszeiten sind Mo–Fr 8–13.30, Sa 8–12.30 Uhr.

Die **Briefmarke** für eine Postkarte aus Südtirol ins Ausland kostet 1 €. Briefmarken sind in Postämtern, Tabakläden (Tabacchi) und den meisten Papeterien erhältlich. Briefkästen zum Einwerfen sind signalrot und tragen in Goldgelb die Aufschrift »Poste« sowie im Schild darunter die vorgesehenen Leerungen. Wie »früher« ist die Urlaubspost gut und gern mindestens eine Woche unterwegs.

Abzuraten ist von sogenannter »GPS-Post«, die damit wirbt, dass der Absender den Versand per App verfolgen kann. Die Briefmarken dafür sind teurer als die üblichen (für eine Postkarte zzt. 1,30 €), und die damit frankierten Schreiben werden von der nationalen Post nicht transportiert, man muss also erst einen »GPS-Briefkasten« zum Einwerfen finden. Auch dauert die Zustellung erheblich länger, insgesamt also keinerlei Vorteil.

Rauchen und Alkohol

Der Erwerb und Konsum von Tabak, Zigarretten und Alkohol ist erst ab 18 Jahren zulässig.

Rauchverbot gilt in allen öffentlichen und öffentlich zugänglichen Gebäuden, in Gaststätten und Büros. Im Freien darf man innerhalb gekennzeichneter Bereiche rauchen, nicht jedoch in Bozen, wo das Rauchen auf allen öffentlichen Plätzen verboten ist, an denen sich Kinder und/oder Schwangere aufhalten könnten.

In Hotels gilt das Rauchverbot in den Bereichen, die allen Gästen öffentlich zugänglich sind. Über die Zimmer entscheidet jeder Hotelier selbst.

Sicherheit

Südtirol gilt als sehr sicheres Reiseziel. Gleichwohl können die üblichen Vorsichtsmaßnahmen helfen, unangenehme Überraschungen zu vermeiden: Keine größeren Bargeldbeträge mit sich tragen, in Menschenmengen erhöhte Vorsicht walten lassen, Wertsachen und Papiere im Hotelsafe einsperren, Auto beim Parken stets abschließen und keine Dinge von Wert darin liegen lassen.

Ein Wort noch zur Sicherheit beim **Wandern**: Überschätzen Sie sich und unterschätzen Sie auch die Natur nicht. Selbst geübte Wanderer können unterwegs ausrutschen oder von einem Wetterumschwung überrascht werden. Neben einer sorgfältigen Vorbereitung sind daher unabdingbar: festes Schuhwerk, Regenkleidung, Erste-Hilfe-Paket, Proviant (besonders wichtig ist es, ausreichend zu trinken!) und ein aufgeladenes Handy mit eingespeicherten Notrufnummern. Weiters sind Taschenlampe, Sonnencreme und gutes Kartenmaterial von Vorteil, Wegtreue und Achtsamkeit selbstverständlich.

Sport

Radfahren

Für **Rennradler** stehen Tausende regulärer Straßenkilometer zur Verfügung, ein ganz besonderes Erlebnis ist sicher die Sellaronda Roadbike-Tour rings um das Sellamassiv (www.sellarondabikeday.com).

Mountainbiker haben die Qual der Wahl. Für sie sind in den Bergen von Ridnaun bis zum Naturpark Trudner Horn unzählige abwechslungsreiche MTB-Trails ausgeschildert. Bei **Downhillfahrern** genießen die Dolomiten einen besonders guten Ruf (www.mtb-dolomites.com).

Auch **Genussradler** müssen nicht lange nach einer schönen Strecke suchen. Mehr als 600 km Radwege sind in Südtirol ausgewiesen, darunter so bekannte wie die Brennerradroute vom Pass bis Bozen oder der Etschradweg auf der Via Claudia Augusta zwischen Reschen und Meran, aber auch familienfreundliche »kleinere« Routen wie der Pustertalradweg oder die Runde um den Kalterer See mit Badegelegenheit.

Passend dazu können Sie mit der **bikemobil Card** vom Frühjahr bis zur ersten Novemberwoche den öffentlichen Nahverkehr und ein Leihfahrrad aus den Leihstationen der Bahnhöfe kombiniert nutzen. Das Fahrrad können Sie in jedem der teilnehmenden Betriebe zurückgeben, es darf allerdings nicht im Zug transportiert werden. Viele Radverleihe bieten auch Elektrofahrräder, die Sie gegen

einen Aufpreis ebenfalls mit der bikemobil Card ausleihen können (Erwachsene/Junior 6–14 Jahre 1 Tag 24/12 €, 3 Tage 30/15 €, 7 Tage 34/17 €, www.mobilcard.info).

Reiten

Mehrere **Pony- und Reiterhöfe** bieten für Kinder und Erwachsene Reitunterricht sowie Ausritte in die wunderbaren Südtiroler Berge und Wälder an. Ideale Pferde dafür sind die aus Südtirol stammenden gutmütigen hellbraun-blonden Haflinger, die buchstäblich jedes Kind kennt – und liebt. Entsprechende Höfe sind zum Beispiel über Roter Hahn (www.roterhahn.it) zu finden.

Eine andere Art von Reitsport wird am Meraner Pferderennplatz gepflegt, auf dem das ganze Jahr über Hürden-, Jagd- und Galopprennen ausgetragen werden (Meran Galopp GmbH, Freiheitsstr. 45, Meran-Untermais, www.ippodromomerano.it).

Wandern und Bergsteigen

Südtirol kann man sehr schön zu Fuß erkunden. Das gilt für die Städte und Dörfer ebenso wie für die von einem dichten Wegenetz erschlossenen Berge und Täler ringsum. Besonders beliebt sind aussichtsreiche Waalwanderungen entlang alter Wasserwege auf den Hängen etwa um Meran oder im Vinschgau. Und wer etwas höher hinaus oder hinauf möchte, findet in Südtirol sicher auch den richtigen Bergführer oder die passende Kletterschule. Sicherheitshinweise S. 130.

Verband der Südtiroler Berg- und Skiführer

▨ Messeplatz 1, Bozen, www.bergfuehrer-suedtirol.it

Wintersport

Ob Alpinskifahren, Langlaufen, Rodeln, Schneeschuhwandern, Snowboarden oder jedes andere Wintervergnügen im Schnee – Südtirol ist die perfekte Region dafür. Die bekanntesten und beliebtesten Skiregionen sind: Alta Badia/Hochabtei, Brixen-Plose, Bozen-Ritten, Gröden, Kronplatz, Meran, Ortler, Sarntal, Schlern-Rosengarten-Latemar mit Seiser Alm, Tauferer und Ahrntal, Vinschgauer Oberland und das obere Wipptal.

Ausführliche aktuelle Informationen bietet online der **ADAC SkiGuide**, der auch als App zur Verfügung steht (www.adac-skiguide.de).

Dolomiti Superski heißt sowohl der größte Skiverbund der Welt als auch der Skipass, mit dem Wintersportler die ganze Pracht genießen können: 418 Lifte und 1146 Pistenkilometern in zwölf benachbarten Regionen (www.dolomitisuperski.com).

Südtirol bietet auch Skifahrern herrliche Bedingungen bei traumhafter Aussicht

Wassersport

In Südtirol gibt es herrliche **Badeseen**, allen voran der Kalterer See im Südtiroler Unterland. Dieser größte natürliche See Südtirols ist recht flach und erwärmt sich darum schnell, während der Freiluftsaison Mai–Sept. kann die Wassertemperatur schon mal bis zu 28 °C erreichen. Das gefällt nicht nur den Schwimmern, sondern auch den **Windsurfern**. Sie nutzen ebenso wie die **Segler** die hier teils kräftigen Berg- und Talwinde, vor allem den nachmittäglichen »Ora«. Motorboote sind auf dem Kalterer See nicht zugelassen.

Bei **Naturschwimmern** ebenfalls sehr beliebt sind der bestens erschlossene Große Montiggler See in der Gemeinde Eppan südwestlich von Bozen, der waldumstandene Völser Weiher am Schlern unterhalb der Seiser Alm, der moorige Issinger Weiher im Pustertal sowie der eigentlich private Vahrner See nördlich von Brixen.

Wasserspaß bei jeder Witterung bieten die zehn Südtiroler **Thermen** und **Erlebnisbäder**. Je nach Größe verfügen sie über mehrere Becken (oft auch im Freien), Strömungskanal, Sole- und Whirlpools, Rutschen, Sprungbretter, Wellness-Oasen und Saunalandschaften. Der Weg ist nie weit, zur Auswahl stehen Aquafun Innichen, Aquarena Brixen, Alpinpool Meransen, Aquaforum Latsch, Balneum Sterzing, Cadcade Sand in Taufers, Cron4 Reischach, Erlebnisbad Naturns, Therme Meran und Mar Dolomit St. Ulrich. Tageskarten für den Schwimmbadbereich kosten unter der Woche für Erwachsene 11–19 € bzw. 7–12 € für Kinder, nicht immer gibt es Familienkarten, Sauna und andere Extras sowie Wochenend- und Feiertagstickets kosten mehr.

Strom und Steckdose

Die **Netzspannung** beträgt 230 V, Wechselstrom 50 Hz. Anders als im restlichen Italien (Typ L) sind in Südtirol **Schuko-Steckerdosen** und **-Stecker** (Typ F) üblich, wie sie auch in Deutschland verwendet werden. Ein Adapter ist also nicht nötig.

Telefon und Internet

In Italien gehört die Ortsvorwahl zur Rufnummer und wird inklusive der »0« immer mitgewählt.

Italienische **Mobiltelefonnummern** beginnen mit »3«. Ein **Mobiltelefon** mit deutscher SIM-Karte erreichen Sie auch im Ausland unter der normalen deutschen Handynummer, eine Landesvorwahl ist nicht nötig. Seit Juni 2017 dürfen im EU-Ausland Kosten für Telefonate, SMS und verbrauchte Daten nur noch nach dem im EU-Heimatland gebuchten Tarif ohne Zusatzkosten abgerechnet werden. Allerdings beziehen nicht alle Mobilfunkanbieter die Schweiz in den EU-Tarif mit ein.

Ein **Notruf** ist vom Handy aus in allen Netzen absetzbar. Dazu das Gerät ausschalten und nach dem Wiedereinschalten statt der PIN die Notrufnummer 112 eingeben. Achtung: Eine GPS-Ortung funktioniert nicht immer, bitte legen Sie erst auf, wenn ihr Notfall-Gesprächspartner zustimmt.

Die digitale Infrastruktur ist in Südtirol nicht überall gleich gut ausgebaut, vor allem in eher abgelegenen Bergregionen ist häufig **kein Netz** vorhanden oder Sie bewegen sich im Funkschatten. Doch in den Ortschaften gibt es meist an den zentralen öffentlichen Plätzen und in Museen sowie in vielen Cafés und Restaurants kostenlose **Hot**-Spots, die ohne Registrierung genutzt werden können (ungeschützt!).

Internationale Vorwahlen:

- Italien 00 39
- Deutschland 00 49
- Österreich 00 43
- Schweiz 00 41

Trinkgeld

In Südtirol ist es üblich, Trinkgeld zu geben, meist am Ende des Aufenthalts, und wer besonders intensiven Service wünscht, sollte zu Beginn des Urlaubs dem Personal Trinkgeld geben. In Restaurants ist ein Trinkgeld von etwa 10 % üblich, und in Bars stehen vielerorts eigene Trinkgeldbehälter.

Umgangsformen

Der übliche höfliche Umgang miteinander unterscheidet sich in Südtirol nicht von dem etwa in Deutschland. Kommentare, gar abfällige, zu Landesspezifika verbieten sich, sei es nun Mittagspause oder Volksfrömmigkeit. Versuchen Sie bitte nicht, den Dialekt Ihrer Gastgeber nachzuahmen, und bleiben Sie erstmal beim »Sie«, auch wenn ein Südtiroler Sie mit einem vermeintlich kumpelhaften »Du« anspricht.

Unterkunft und Hotels

An Unterkünften herrscht in Südtirol kein Mangel, hier kann jeder nach seiner Fasson glücklich werden. Eine Ortstaxe in Höhe von 0,70–1,30 € pro Person und Nacht wird überall erhoben, Kinder unter 14 Jahren sind befreit. Mehrere Südtirol-Portale bieten online Übersichten und Buchungsmöglichkeiten, nach Regionen oder nach Unterkunftsarten geordnet (www.suedtirol.com/unterkuenfte).

Eine **Auswahl empfehlenswerter Unterkünfte** in den einzelnen Regionen mit Preiskategorien finden Sie am Ende jedes Kapitels dieses Reiseführers (S. 34, 52, 78, 102 und 119).

Camping

Es gibt rund 40 Campingplätze in Südtirol, in aller Regel schön gelegen und gut ausgestattet. Gleichwohl musste sich Camping unter den vielen Unterkunftsmöglichkeiten in Südtirol erst etablieren, mittlerweile nimmt das Angebot zu (www.camping.suedtirol.com, www.campingsuedtirol.com). Eine Auswahl geprüfter Plätze finden Sie online in der **ADAC Campingwelt**, die Portalinhalte sind als ADAC Campingführer (»Südeuropa«) und ADAC Stellplatzführer (»Italien, Kroatien, Österreich, Slowenien«) jahresaktuell auch in Buchform erhältlich (www.campingfuehrer.adac.de).

Ferienwohnungen

Wer im Südtirol-Urlaub den Komfort der eigenen vier Wände mit einer geräumigen, voll ausgestatteten, nicht allzu teuren und oft sehr schön gelegenen Unterkunft verbinden möchte, findet im umfangreichen Angebot von Ferienwohnungen, seltener Ferienhäusern, sicher genau das Richtige. Mindestens drei Tage sollte ein Aufenthalt schon dauern, aber dann ist die Auswahl riesig, in so gut wie jedem Tal, jedem Ort und jeder Fraktion haben die Südtiroler in ihren Häusern eine oder mehrere Wohnungen für Gäste vorgesehen, insgesamt an die 6000. Und sie sind stolz darauf, dass viele Stammgäste Jahr für Jahr wie-

derkommen (www.suedtirol.info/de/unterkuenfte).

Hotels und Pensionen

Hotels, Pensionen und Gasthöfe gibt es in Südtirol in jeder Art, Lage und Preisklasse, von der schlichten Frühstückspension bis zum 5*S-Luxus-Resort, vom zentral gelegenen Stadthotel über das ökologisch orientierte Wellnesshotel in den Bergen bis zum Chalet an der Skipiste. Sie sind in aller Regel solide, nur wenige atmen noch den Charme der 1960er-Jahre aus den relativen Frühzeiten des Südtirol-Tourismus, die meisten sind hell, freundlich und modern ausgestattet.

Die Preisspannen spiegeln diese Vielfalt wider, ein Doppelzimmer kostet pro Person 25–200 €, Einzelzimmer sind ab 35 € zu haben. Pauschalangebote etwa für eine Woche sind meist deutlich günstiger. Hotels und Gasthöfe bieten Hausgästen oft für relativ geringen Aufpreis, ca. 10–15 € mehr, Halbpension an.

Sanfter Tourismus ist auch in Südtirol im Kommen. Entsprechend fördern viele Gemeinden und u.a. die **Alpine Pearls-Hotels** Urlaub ohne Auto. Sie legen Wert auf eine sehr gute Anbindung an das öffentliche Verkehrsnetz, an Rad- und Wanderwege und bieten Shuttleservices zu lokalen und regionalen Sehenswürdigkeiten (www.alpine-pearls.com).

Jugendherbergen

Jugendherbergen gibt es in Südtirol in Bozen, Brixen, Meran, Salurn und Toblach (www.jugendherberge.it).

Urlaub auf dem Bauernhof

Nicht nur mit Kindern ist Urlaub auf dem Bauernhof eine schöne und bezahlbare Art (Preise s. Ferienwohnungen), Land und Leute kennenzulernen. In Südtirol bieten mehr als 1600 Berg-, Obst- und Weinbauern Zimmer und Ferienwohnungen auf ihren Höfen an, in ländlicher Abgeschiedenheit oder stadtnah, mit oder ohne Verpflegung (oft hofeigene Produkte), meist mit Tieren auf dem Hof, immer aber mit direktem Anschluss an das Leben der Menschen vor Ort (www.roterhahn.it).

 Verkehrsmittel im Land

Bahn und Bus

Der **Verkehrsverbund Südtirol** umfasst in einem einheitlichen Tarif- und Fahrplansystem die Regionalbahnen in Südtirol (Brennerlinie, Meraner Linie und Vinschgerbahn) sowie die Linienverkehrsdienste mit den engmaschig verkehrenden Bussen, Seilbahnen (Jenesien, Kohlern, Meransen, Mölten, Ritten und Vöran) sowie fest installierten Anlagen (Mendel Standseilbahn und Rittner Trambahn). Kinder unter 6 Jahren können die öffentlichen Verkehrsmittel kostenlos und ohne Fahrschein benutzen (www.sii.bz.it).

Ein gutes Angebot ist die **mobilCard**, mit der Sie an einem Tag, an drei oder sieben aufeinanderfolgenden Tagen alle **öffentlichen Verkehrsmittel** in ganz Südtirol inklusive des PostAutos Schweiz zwischen Mals und Müstairs unbegrenzt nutzen können (Erwachsene/Junior 6–14 J.1 Tag 15/7,50 €, 3 Tage 24/11,50 €, 7 Tage 28/14 €). Erweiterungen wie die **museumobil Card** oder die **bikemobil Card** (S. 131) bieten zusätzliche Vorteile, die eine je einmal freien oder ermäßigten Eintritt in rund 90 Museen, Sammlungen und Ausstellungen, die andere kostenlosen Fahrradverleih (www.mobilcard.info).

Fahrrad

Viele Unterkünfte verleihen Räder an ihre Gäste, außerdem finden Sie **Fahrradverleihstationen** in allen Städten und Ferienregionen (www.suedtirol-rad.com, www.papinsport.com). Siehe auch Erläuterungen zur bikemobil Card (S. 131).

Mietwagen

Autovermietungen finden Sie in den Städten und größeren Orten, d.h. vorrangig in Bozen und in Meran. Für Mitglieder bietet die **ADAC Autovermietung** günstige Konditionen an. Buchen kann man in allen ADAC Geschäftsstellen, im Internet und auch telefonisch (www.adac.de/auto vermietung, Tel. 089/76 76 20 99).

 Zollbestimmungen

Innerhalb der EU unterliegen Güter für den persönlichen Gebrauch keinen Beschränkungen und dürfen abgabenfrei eingeführt werden. **Richtmengen** für Privatreisende sind: 800 Stck. Zigaretten, 400 Stck. Zigarillos, 200 Stck. Zigarren, 1 kg Rauchtabak, 10 l Spirituosen (Weinbrand, Rum …), 20 l Zwischenerzeugnisse (Sherry, Portwein …), 60 l Schaumwein, 110 l Bier, 10 kg Kaffee. Für **Wein** aus anderen EU-Mitgliedstaaten wurde in Deutschland keine Richtmenge festgelegt. Wein kann also in unbegrenzter Menge für private Verwendung mitgebracht werden.

Außerdem muss bei der Ein- und Ausreise nach und von Italien mehr als 10 000 € Bargeld deklariert werden.

Detailliert informiert Sie der Zoll Ihres Heimatlandes über die aktuellen Zollbestimmungen (www.zoll.de, www.bmf.at/zoll, www.zoll.ch).

Die Geschichte Südtirols

8000 v. Chr. Erste Siedlungen in Südtirol, in der Dolomitenregion.

15 v. Chr. Römische Legionen unter Tiberius und Drusus besiegen die keltischen und rätischen Alpenstämme.

6.–9. Jh. Bajuwaren wandern ein, offenbar meist friedlich.

1004 und **1027** Die Bischöfe von Trient und Brixen erhalten quasi ganz Südtirol als Lehen.

1140 Offizielle Anerkennung der im 11. Jh. auf Kosten der Fürstbischöfe groß gewordenen Gefürsteten Grafschaft von Tirol.

1363 Margarete, die letzte Gräfin von Tirol, überträgt ihr Land mit Billigung der Tiroler Landstände den Habsburgern.

1526 Erzherzog Ferdinand I. lässt den Aufstand der Tiroler Bauern niederschlagen.

1796 In Bozen schwören die Tiroler Stände im »Bund mit dem göttlichen Herzen Jesu«, ihr Land für den österreichischen Kaiser zu verteidigen.

1809 Tiroler Volksaufstand gegen die bayerisch-französische Besatzung. Ein Anführer ist Andreas Hofer, der jedoch

verraten und 1810 in Mantua hingerichtet wird.

1815 Der Wiener Kongress schlägt Tirol wieder Österreich zu.

1915 Im Ersten Weltkrieg besonders heftige Kämpfe zwischen Österreich und Italien an der Dolomitenfront und am Ortler.

1919 Nach dem Krieg erhält Italien das Trentino und Südtirol bis zum Brenner.

Ab 1922 Zwangsitalienisierung Südtirols unter den italienischen Faschisten, die sich auch nach dem Zweiten Weltkrieg fortsetzt.

1939–43 Sog. »Option« unter Mussolini und Hitler: Deutschsprachige Südtiroler und Ladiner sollen nach Deutschland auswandern (»Optanten«) oder zu Hause Ruhe geben (»Dableiber«). Rund 75 000 Menschen gehen, viele kehren später zurück.

1957 Großkundgebung von Schloss Sigmundskron: 30 000 Südtiroler fordern unter der Losung »Los von Trient!« die Autonomie.

1969 Zur Lösung der auch gewaltsam ausgetragenen »Südtirol-Frage« beschließen Österreich, Italien und die Südtiroler Landesversammlung das »Südtirol-Paket«, das spätere erfolgreiche Autonomiestatut.

1991 Fund von »Ötzi«, einer 5300 Jahre alten Eismumie, in den Ötztaler Alpen.

2015 Auf dem Kronplatz Eröffnung des sechsten und abschließenden Messner Mountain Museums.

2026 Geplante Fertigstellung des 2008 begonnenen Brenner-Basistunnels.

Der Freiheitskämpfer Andreas Hofer war einer der Anführer gegen die bayerischfranzösische Besatzung seiner Heimat

GLÜCKSFINDER

www.bikehotels.it

Die BikeHotels Südtirol erwarten
dich mit Momenten, die für Snapchat
viel zu schade sind.

BikeHotels
Südtirol

Alle Blickpunkt-Themen in diesem Band:

Register

Register

Herausgeber: GRÄFE UND UNZER VERLAG GmbH, Postfach 86 03 66, 81630 München
Leitender Redakteur: Benjamin Happel
Autorin: Elisabeth Schnurrer
Verlagsredaktion: Katja Tegler (verantw.), Nora Köpp, Gernot Schnedlitz, Nadia Turszynski
Lektorat und Satz: Thomas Rach, www.bintang-berlin.de
Bildredaktion: Tobias Schärtl
Schlusskorrektur: Dorit Aurich
Reihengestaltung: Eva Stadler
Kartografie: Kunth Verlag GmbH & Co. KG, München
Herstellung: Mendy Willerich
Druck: Drukarnia Dimograf Sp z o.o. (Polen)

Ansprechpartner für den Anzeigenverkauf:
KV Kommunalverlag GmbH & Co. KG, MediaCenter München,
Tel. 089/92 80 96 44

ISBN 978-3-95689-328-5
1. Auflage 2018

© 2018 GRÄFE UND UNZER VERLAG GmbH, München
ADAC Reiseführer Markenlizenz der ADAC Verlag GmbH & Co. KG, München

Leserservice
adac@graefe-und-unzer.de
Tel. 00800/72 37 33 33 (gebührenfrei in D, A, CH)
Mo–Do 9–17 Uhr, Fr 9–16 Uhr

Bei Interesse an maßgeschneiderten B2B-Produkten:
veronica.reisenegger@graefe-und-unzer.de

GRÄFE UND UNZER

Ein Unternehmen der
GANSKE VERLAGSGRUPPE

Unterwegs in Südtirol

Kurvenfans

Jaufenpass und Stilfser Joch sind nur zwei der berühmten Südtiroler Pass-straßen, die bei bei schönem Wetter wahre Heerscharen von Motorrad-fahrern begeistern.

■ Details auf S. 24 und S. 112

Pedalritter

»Südtirol Rad« nennt sich ein Netz von rund 20 Verleihstationen in ganz Südtirol, die Mieträder für Ge-nussradler wie für Hobbysportler bereithalten. Rückgabe ist an allen Stationen des Verbunds möglich.

■ www.suedtirol-rad.com

Auto-Huckepack

Autoreisezüge fahren Südtirol nicht mehr direkt an, doch bieten die Ös-terreichischen Bundesbahnen ÖBB diesen Service für Auto- und Motor-radfahrer sowie deren Gefährt von Hamburg oder Düsseldorf nach Innsbruck an. Für die ausgeschlafen-en Fahrer ist Südtirol dann über die Brennerautobahn schnell erreicht.

■ www.autoreisezug-planer.de

Müllers Lust

Südtirol ist ein Wanderland par excellence, unter den vielen ab-wechslungs- wie aussichtsreichen Waalwanderungen, Bergtouren und Themenwegen ist sicher für jeden Urlauber das Richtige dabei. Die Wege sind in der Regel bestens markiert, werden gut gepflegt, und für wirklich anspruchsvolle Berg-abenteuer gibt es Bergführer.

■ Details auf S. 131

Bequem mit Bus und Bahn

Weit herum kommt man in Südtirol mit der mobilCard, mit der Urlauber bis zu einer Woche alle öffentlichen Verkehrsmittel der Region und selbst einige Seilbahnen und man-che Postbus-Strecken in der an-grenzenden Schweiz unbegrenzt nutzen können.

■ Details auf S. 135